Mitchell Symons

Verrückte Fakten über die Welt

Warum heißt Batman in Schweden Läderlappen?

D1873347

Mitchell Symons, geboren 1957, studierte in London Jura und arbeitete anschließend als freier Journalist und Autor. Er hat bereits über vierzig Bücher veröffentlicht und gehört zu den Erfindern des Brettspiels „Trivial Pursuit". Als einer seiner Freunde gefragt wurde, wen er als Telefonjoker bei einer Quizshow einsetzen würde, sagte dieser: „Mitchell, denn der hat mehr nutzloses Wissen über absolut überflüssige Dinge als sonst irgendjemand!"

Mitchell Symons

VERRÜCKTE FAKTEN

über die Welt

Warum heißt Batman in Schweden
Läderlappen?

Aus dem Englischen
von Susanne Bonn

Ravensburger Buchverlag

Als Ravensburger Taschenbuch
Band 53128
erschienen 2013

MIX
Aus verantwortungs-
vollen Quellen
FSC® C114500
FSC
www.fsc.org

1 2 3 4 16 15 14 13

© 2013 der deutschsprachigen Ausgabe
Ravensburger Buchverlag Otto Maier GmbH
Copyright © Mitchell Symons 2006, 2007, 2008, 2009, 2011
This work contains material taken from
How to Avoid a Wombat's Bum © Mitchell Symons 2006
Illustrations copyright © Sara Freeman 2006,
Why Eating Bogeys is Good for You © Mitchell Symons 2007
All Illustrations copyright © Artful Doodlers 2007 and © iStock 2007,
How Much Poo Does an Elephant Do? © Mitchell Symons 2008
Illustrations copyright © Artful Doodlers 2008,
Why Do Farts Smell Like Rotten Eggs? © Mitchell Symons 2009
Illustrations by Tim Wesson copyright
© Random House Children's Books 2009,
Why You Need a Passport When You're Going to Puke
© Mitchell Symons 2010
Illustrations copyright © Nigel Baines 2010
first published by Random House
Children's Publishers UK.
The right of Mitchell Symons to be identified
as the author of this work has been asserted in accordance
with the Copyright, Designs and Patents Act 1988.
Umschlaggestaltung: unter Verwendung von Illustrationen
von Nigel Baines und Fotos von iStock
Alle Rechte dieser Ausgabe vorbehalten durch
Ravensburger Buchverlag Otto Maier GmbH
Printed in Germany

ISBN 978-3-473-53128-8

www.ravensburger.de

Für alle Popel-Esser

Für alle Kinder,
ganz besonders für meine eigenen

Für meine Ehefrau Penny
und meine Söhne Jack und Charlie
und auch für dich, lieber Leser,
denn ohne dich
würde ich Selbstgespräche führen

Für alle von euch, die dieses Buch
wegen seines Titels,
und für alle, die dieses Buch trotz seines Titels
gekauft haben

Für alle meine Freunde, meine Familie
und meine Leser auf der ganzen Welt

INHALT

UNGLAUBLICH, ABER WAHR

Die Mitglieder des afrikanischen Dogon-Volkes reiben sich mit gebratenen Zwiebeln ein, weil sie den Duft so verführerisch finden.

In Monaco ist das Nationalorchester größer als die Armee.

In russischen Märchen gibt es die Hexe Baba Jaga. Sie hat Zähne aus Eisen, fliegt in einem Mörser durch die Gegend, frisst Kinder und lebt in einer Hütte auf Hühnerfüßen.

Auf den Fidschi-Inseln war das Haar eines Mannes Symbol für seine Macht und seinen gesellschaftlichen Status. Fidschianer färbten ihr Haar in verschiedenen Farben und frisierten es zu fantastischen Formen. Der Friseur eines Häuptlings brauchte manchmal Tage, um eine besonders kunstvolle Frisur herzustellen.

Die Männer des Dassanech-Stamms in Äthiopien bestreichen ihren Körper mit Kuhdung.

In vielen asiatischen Kulturen gilt der Kopf als heiligster Teil des Körpers. Daher ist es tabu, den Kopf eines anderen zu berühren.

In Thailand gilt es als Zeichen von schlechten Manieren, mit dem Fuß auf jemanden zu zeigen.

Bei den Minangkabau in Westsumatra besitzen Frauen eine sehr wichtige Rolle in der Gesellschaft: Den Frauen gehört alles, und nur Töchter können erben. In traditionellen Minangkabau-Familien leben die Männer bei ihren Müttern und besuchen ihre Frauen nur ab und zu.

Im Tschad werden bei vielen Menschen zur Zierde Narben im Gesicht angebracht. So sind sie dauerhaft als Mitglied ihres Stamms erkennbar.

Äthiopien ist bekannt als das Land mit 13 Monaten Sonnenschein. In Äthiopien gilt der Julianische Kalender, in dem es zwölf Monate mit je 30 Tagen gibt sowie einen 13. Monat namens Pagume, der nur fünf Tage hat (in Schaltjahren sechs).

In Frankreich kann man mit besonderer Genehmigung einen Verstorbenen heiraten – aber nur in Ausnahmefällen.

In Katar dauert das Wochenende von Donnerstag bis Freitag statt von Samstag bis Sonntag.

Saparmurat Nijasow war von 1990 bis zu seinem Tod 2006 Präsident von Turkmenistan und behauptete, dass diejenigen, die dreimal täglich im Ruhnama läsen, automatisch in den Himmel kämen. Das Ruhnama, das sogenannte „Buch der Seele", ist ein von Saparmurat Nijasow selbst verfasster moralischer und spiritueller Ratgeber. Saparmurat Nijasow änderte außerdem den Kalender und benannte den Januar in Turkmenbashi um. Außerdem wurde eine Melone nach ihm benannt. Wirklich – eine Melone!

Die Bewohner der Salomon-Inseln behaupten, sie könnten Bäume töten, indem sie sie anschreien.

In Frankreich gibt es jedes Jahr einen „Markt der Diebe", bei dem die Leute versuchen sollen, Waren von den Ständen zu stehlen.

Bei den Frauen der San-Blas-Indianer in Panama gelten lange Nasen als besonders schön. Darum zeichnen sie sich eine schwarze Linie auf den Nasenrücken, damit die Nase länger aussieht.

Die Freiheitsstatue wurde in Frankreich gebaut und dann nach Amerika transportiert. Sie war ein Geschenk der Franzosen an die Amerikaner.

Mädchen und Frauen dürfen den Berg Athos in Mazedonien nicht betreten. Nicht einmal weibliche Tiere sind dort erlaubt.

Die ungarische Hauptstadt Budapest bestand früher aus den beiden Einzelstädten Buda und Pest.

Viele Szenen aus „Krieg der Sterne" wurden in Tunesien gedreht. Als die Dreharbeiten begannen, erlebte das Land sein erstes Unwetter seit über 50 Jahren.
Während der Dreharbeiten wurde außerdem ein riesiges Militärfahrzeug, das zum Set gehörte, an der Grenze zu Libyen aufgestellt. Deshalb glaubte die libysche Regierung, dass Tunesien eine Invasion plante.

Graça Machel aus Mosambik heiratete die Präsidenten von zwei verschiedenen Staaten. Zuerst war sie mit Samora Machel, dem Präsidenten von Mosambik, verheiratet, bis dieser 1986 starb. 1998 heiratete sie Nelson Mandela, den Präsidenten von Südafrika.

DER TANZ LIMBO HAT SEINEN URSPRUNG AUF DER INSEL TRINIDAD.

GROß, GRÖßER, AM GRÖßTEN

Russland ist mit Abstand das größte Land der Welt: Mit mehr als 17 Millionen Quadratkilometern ist es fast doppelt so groß wie die nächstkleineren Länder Kanada, China und die USA, die jeweils eine Fläche von über neun Millionen Quadratkilometern haben. Russland erstreckt sich über zwei Kontinente (Europa und Asien) und elf Zeitzonen.

Der größte Arbeitgeber der Welt ist die indische Eisenbahn, die mehr als eine Million Menschen beschäftigt. ***Indian Railways*** *transportiert mehr als sechs Milliarden Passagiere pro Jahr. Jeden Tag fahren dort mehr als 14 000 Züge.*

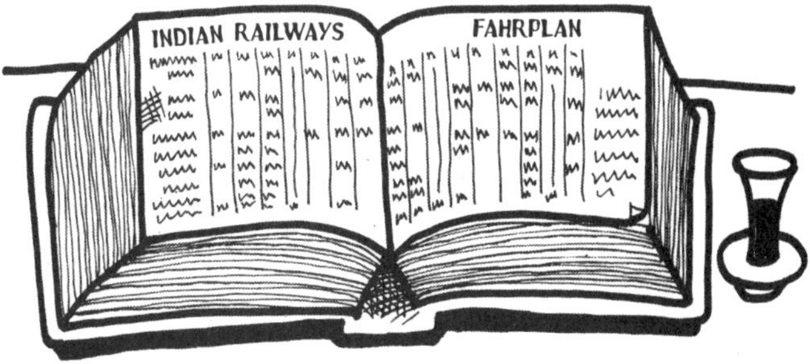

In den USA liegt der größte Freizeitpark der Welt: Disney World in Florida (mit einer Fläche von 121 400 Quadratmetern).

Berlin hat den größten Bahnhof Europas.

Der größte Goldklumpen wurde 1872 in Australien gefunden. Er wog 235 Kilo.

Der Mekong-Riesenwels – benannt nach dem Fluss, in dem er lebt – ist der **größte Süßwasserfisch** der Welt. Er wird bis zu drei Meter lang und wiegt etwa 300 Kilo.

Die beiden größten Kuckucksuhren der Welt stehen in Deutschland. Ein Kuckuck ist fast fünf Meter groß und wiegt 150 Kilo.

Abgesehen von der Antarktis ist die größte Wüste der Erde die Sahara in Nordafrika. Danach folgen die Arabische Wüste, die Wüste Gobi und die Patagonische Wüste. In Europa gibt es keine Wüsten.

Mit 6071 Metern Höhe gehört der Guallatiri in Chile zu den größten Vulkanen der Welt. 1959 brach er zum letzten Mal aus.

Am kleinsten

Die kleinste Kirche der Welt steht in Kentucky in den USA. In ihr haben gerade so drei Leute Platz.

Der kürzeste Interkontinentalflug führt von Gibraltar nach Tanger in Marokko. Er dauert etwa 20 Minuten.

Liechtenstein hatte früher die kleinste Armee der Welt. Sie bestand aus einem Soldaten. Er diente seinem Land treu bis zu seinem Tod im Alter von 95 Jahren. Seitdem hat Liechtenstein nicht mehr die kleinste Armee der Welt, sondern überhaupt keine mehr.

Ein durchschnittlicher Siebenjähriger in Nordkorea ist 7,5 Zentimeter kleiner als ein durchschnittlicher Siebenjähriger in Südkorea.

Mit 0,44 Quadratkilometern ist die Vatikanstadt der kleinste Staat der Welt. Er hat weniger als 1000 Einwohner und ist damit auch der Staat mit der geringsten Anzahl an Menschen.

Am tiefsten

Den am tiefsten gelegenen Briefkasten der Welt findet man zehn Meter unter der Meeresoberfläche in der Susami-Bucht in Japan. Er wird von Tauchern benutzt und täglich von der Post geleert.

Der tiefste Canyon der Welt ist der Hell Canyon im US-Bundesstaat Idaho. An der tiefsten Stelle ist er 2400 Meter tief.

Die Gruben des Bergwerks Western Deep Levels bei Carltonville in Südafrika sind die tiefsten der Welt. Sie reichen bis zu 4,2 Kilometer in die Tiefe.

Die Einzigen

Abcoude in den Niederlanden ist die einzige Stadt der Welt, die mit den Buchstaben Abc beginnt.

Tonga ist als einziger Inselstaat im Pazifik noch eine Monarchie. Tonga ist außerdem das einzige Land, in dem jemals eine bananenförmige Briefmarke ausgegeben wurde.

Thimphu in Bhutan ist die einzige Hauptstadt in Asien, in der es keine Ampeln gibt. Stattdessen regeln Polizisten den Verkehr.

Panama ist der einzige Ort der Welt, an dem man die Sonne über dem Pazifik aufgehen und im Atlantik untergehen sehen kann.

Brasilien hat als einziges Land an allen bisherigen Fußballweltmeisterschaften teilgenommen. Sie haben auch öfter gewonnen als alle anderen, nämlich fünfmal (zuletzt 2002).

Der einzige Golfplatz auf Tonga hat nur 15 Löcher. Und es gibt keine Strafe, wenn ein Affe den Ball klaut.

Am längsten

Die Yonge Street in Kanada ist mit 1896 Kilometern die längste Straße der Welt. Sie beginnt am Ontariosee, teilt sich in Toronto in Richtung Ost und West und endet in Rainy River.

Der Norweger Hans Langseth hatte den längsten Bart der Welt. Als er 1927 starb, war sein Bart über fünf Meter lang. Der Bart ist noch heute in einem Museum in den USA zu sehen.

Die längste Limousine der Welt ist länger als 14 Meter und hat einen eingebauten Swimmingpool. Für knapp 4000 Euro pro Tag kann man sie mieten.

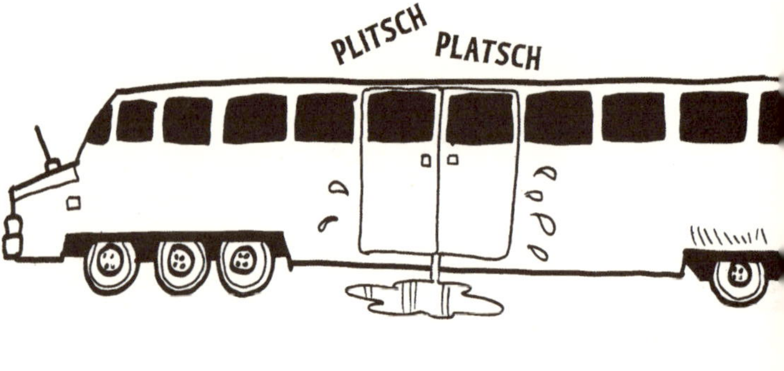

Die Ältesten

Der nachweislich älteste Mensch war ein Japaner namens Shigechiyo Izumi. Er starb 1986 im Alter von 120 Jahren und 237 Tagen. Er hält außerdem den Rekord für das längste Arbeitsleben: 98 Jahre. Er war nur 1,42 Meter groß, wog 42,6 Kilo und überlebte 71 japanische Premierminister.

Ebenso beeindruckend ist Dimitrion Yordanidis aus Griechenland, der mit 98 Jahren einen Marathon lief – in sieben Stunden und 33 Minuten. Damit ist er der älteste Marathonläufer überhaupt.

Die Ersten

Die weltweit erste Fluggesellschaft wurde 1909 in Deutschland gegründet.

Die erste Zahnbürste wurde 1498 in China erfunden.

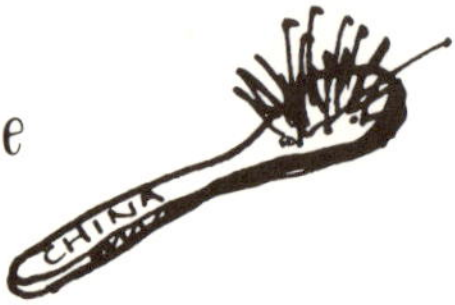

2004 verbot Bhutan als erstes Land der Welt Zigaretten.

1914 startete in Florida der erste planmäßige Passagierflug der Welt.

Yoga wurde erstmals vor 5000 Jahren in Indien praktiziert.

Die Ägypter entwickelten den ersten Kalender auf Grundlage der jährlich wiederkehrenden Nilflut.

Die erste Polizei der Welt gab es 1667 in Paris.

Die erste McDonald's-Filiale in Europa eröffnete 1971 in München.

2001 fand in Singapur der erste Welt-Toiletten-Gipfel statt.

Uruguay richtete 1930 die erste Fußballweltmeisterschaft aus – und gewann sie.

Die ersten Astronauten trainierten für den Flug zum Mond in Island. Man nahm an, dass die Mondoberfläche der Landschaft dort ähnlich sehe.

Am meisten

Vom Frankfurter Flughafen starten mehr Flugzeuge zu internationalen Zielen als von jedem anderen Flughafen.

Kanada hat den höchsten Anteil an Linkshändern.

In Hongkong gibt es – im Verhältnis zur Einwohnerzahl – die meisten Restaurants, nämlich 20 pro Person.

BELGIEN PRODUZIERT IM VERHÄLTNIS ZUR GRÖSSE DES LANDES DIE MEISTEN COMICS.

In Sri Lanka gibt es mehr gesetzliche Feiertage als überall sonst auf der Welt.

Die Wahlen zur Miss World und zur Miss Universe wurden am häufigsten von Frauen aus Venezuela gewonnen.

Die meisten Hundertjährigen der Welt leben in Japan und Barbados.

Mehr als 200 Millionen zahlende Besucher bestiegen seit seiner Eröffnung den Eiffelturm in Paris. Von den Gebäuden, die Eintritt verlangen, ist er damit das beliebteste der Welt.

Welche Länder verbrauchen am meisten … (* = pro Kopf)

Reis: China (32 Prozent der Reisvorräte der Welt)
Schweinefleisch: China
Putenfleisch*: Israel
Brot*: Polen
Eier*: Japan
Coca-Cola*: Mexiko

Toilettenpapier: USA (An nur einem Tag verbrauchen die Amerikaner so viel Toilettenpapier,

dass man es neunmal um die Erde wickeln könnte. Wäre all das Toilettenpapier, das sie täglich verbrauchen, auf einer riesigen Rolle, müssten sie es mit einer Geschwindigkeit von 7600 Kilometern pro Stunde abrollen.)

Olivenöl*: Griechenland

Honig*: Belgien

Alkohol*: Luxemburg

Oliven*: Syrien

Fleisch*: USA (im Durchschnitt 120 Kilo pro Kopf und Jahr)

Nudeln*: Italien (im Durchschnitt 27 Kilo pro Kopf und Jahr)

Zucker*: Singapur

Tomatenketchup: USA

Tomatenketchup*: Schweden

Bier*: Tschechische Republik (im Durchschnitt 160 Liter pro Kopf und Jahr)

Süßigkeiten*: Niederlande

Wein*: Frankreich (im Durchschnitt 50 Liter pro Kopf und Jahr)

Mineralwasser*: Frankreich

Tee*: Irland (im Durchschnitt 3,2 Kilo pro Kopf und Jahr)
Baked Beans*: Großbritannien
Kartoffelchips*: Großbritannien
Kaffee*: Finnland (im Durchschnitt 4,5 Tassen Kaffee pro Kopf und Tag)
Butter*: Frankreich (im Durchschnitt 8,5 Kilo pro Kopf und Jahr)
Käse*: Frankreich (im Durchschnitt 23 Kilo pro Person und Jahr)
Kartoffeln*: Irland (im Durchschnitt 170 Kilo pro Kopf und Jahr)
Milch*: Irland (im Durchschnitt 165 Liter pro Kopf und Jahr)

Welches Land produziert am meisten ...

Äpfel: China
Aprikosen: Türkei
Rosenöl: Bulgarien (etwa 70 Prozent des Rosenöls der Welt; es dient als Zutat für besonders teure Parfüms. 2000 Blütenblätter werden gebraucht, um ein Gramm Rosenöl herzustellen.)

Wein: Frankreich

Bananen: Ecuador

Bier: USA

Butter: Indien

Kamele: Somalia

Autos: Japan

Käse: USA

Kakao: Elfenbeinküste (liefert fast die Hälfte des Kakaos der Welt)

Kaffee: Brasilien

Baumwolle: China

Diamanten: Australien

Blumen: Niederlande

Ziegen: Ghana

Gold: Südafrika (liefert zwei Drittel des Golds der Welt)

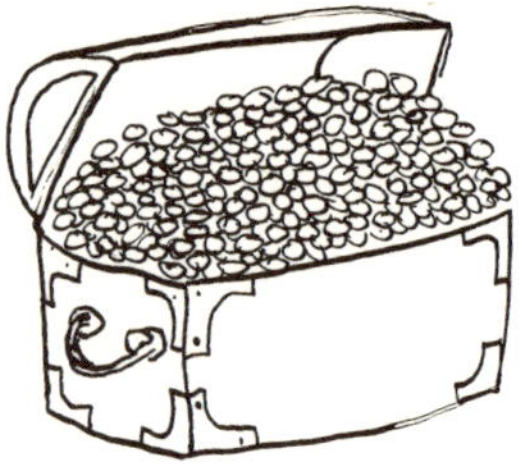

Eishockey-Pucks: Slowakei

Eisen: China

Reis: China

Lachs (von Fischfarmen): Norwegen

Zitronen: Mexiko

Salz: USA

Schafe: China

Silber: Mexiko

Blei: Australien

Tee: Indien

Tomaten: China

Öl: Saudi-Arabien (Die Entdeckung von Erdöl in Saudi-Arabien in den 1930er-Jahren gab der Wirtschaft des Lands einen enormen Aufschwung. Heute werden die Ölreserven in Saudi-Arabien auf 260 Milliarden Barrel geschätzt.)

Weizen: China

Vanille: Madagaskar (liefert mehr als die Hälfte der Vanille der Welt. Mehr als drei Viertel der Vanilleschoten, die zur Herstellung von Vanilleeis verwendet werden, stammen von dieser Insel.)

Spielzeug: China

Holz: USA

Wolle: Australien

Jamswurzeln: Nigeria

Zink: China

In welchem Land gibt es mehr als 200 Sprachen?

Papua Neuguinea: 820 Sprachen
Indonesien: 742 • Nigeria: 516
Indien: 427 • USA: 311
Mexiko: 297 • Kamerun: 280
Australien: 275 • China: 241
Demokratische Republik Kongo: 216

Welches sind die teuersten Länder?

Japan
Südkorea
Russland
Taiwan
Norwegen
Hong Kong
Schweiz
Dänemark
Finnland
Elfenbeinküste
USA
Schweden
Venezuela
Großbritannien
Singapur
Oman
Jordanien
Kuwait

Welches sind die am häufigsten bereisten Länder?

Frankreich
Spanien
USA
China (inklusive Hong Kong)
Italien
Großbritannien
Österreich
Mexiko
Deutschland
Kanada
Ungarn
Griechenland
Polen
Türkei
Portugal
Malaysia
Thailand
Niederlande
Russland
Schweden

ZWEIBEINER UND VIERBEINER

Tierisch

In der Mongolei leben zehnmal so viele Pferde wie Menschen.

In Australien leben nicht nur mehr Rinder, sondern auch mehr Schafe als Menschen. Das Land hat sogar die höchste Anzahl an Schafen im Verhältnis zur Einwohnerzahl.

In Brasilien, Botswana, Argentinien, Australien und Neuseeland leben mehr Rinder als Menschen.

Auf den Falklandinseln leben mehr Pinguine als Menschen.

Ein kleines australisches Beuteltier ist in einer Kiste mit Zwiebeln 18 000 Kilometer von Neuseeland nach Felixstowe in Großbritannien gereist.

In Rom leben mehr streunende Katzen pro Quadratkilometer als in jeder anderen Großstadt.

Im East-Alligator-Fluss in Australien leben Krokodile, keine Alligatoren.

Vogelkot ist der wichtigste Exportartikel von Nauru.

Der chilenische Nationaltanz Cueca stellt den Balztanz eines Hahns nach.

In Ecuador leben über 2000 gefährdete Tierarten – mehr als in jedem anderen Land.

In Sri Lanka gibt es ein Waisenhaus für Elefanten.

In Frankreich gibt es pro Person mehr Haustiere als in allen anderen Ländern.

In Burundi (Ostafrika) hat das Vieh und die Viehzucht große Bedeutung. Das zeigt sich auch in dem traditionellen Gruß „Ich wünsche dir viele Rinderherden", mit dem man anderen Gesundheit und Wohlergehen wünscht.

Ein russischer Wissenschaftler versuchte, Menschen mit Menschenaffen zu kreuzen. Zum Glück für beide Arten blieb der Erfolg aus. Einem anderen russischen Wissenschaftler gelang es allerdings, einen zweiköpfigen Hund zu schaffen.

Alle Regenwürmer Amerikas würden zusammen 55-mal so viel wiegen wie alle Menschen in Amerika zusammen.

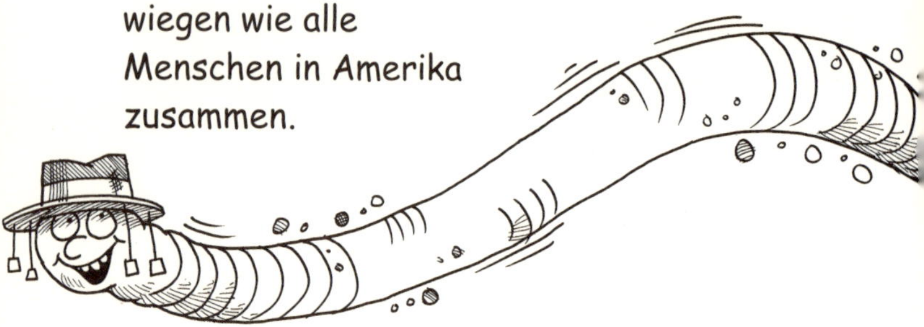

1999 wurde in Taiwan eine Schildkröte mit drei Köpfen entdeckt.

Bevölkerung

Mit mehr als 1,3 Milliarden Menschen ist China das bevölkerungsreichste Land der Welt. Zurzeit stellen die Chinesen ein Sechstel der Weltbevölkerung.

Niger hat die höchste Geburtenrate der Welt (pro Jahr fast 50 Geburten pro 1000 Einwohner).

In Indien werden jährlich mehr Menschen geboren, als in ganz Australien leben.

Eine Statistik besagt, dass die Menschen in Vanuatu (ein Inselstaat im Südpazifik) die glücklichsten der Welt sind. Gefolgt von: Kolumbien, Costa Rica, der Dominikanischen Republik, Panama, Kuba, Honduras, Guatemala, El Salvador, Santa Lucia, Vietnam, Bhutan, Westsamoa und Sri Lanka.

In Italien gibt es mehr Barbiepuppen als Kanadier in Kanada.

Deutschland hat die niedrigste Geburtenrate der Welt (pro Jahr etwa acht Geburten pro 1000 Einwohner).

In 13 Ländern der Erde kann ein Mensch, der heute geboren wird, erwarten, älter als 80 Jahre zu werden. Nämlich in (beginnend mit der höchsten durchschnittlichen Lebenserwartung): Andorra (83,5 Jahre), Macau (82,2 Jahre), Japan (82,02 Jahre), San Marino und Singapur (81,8 Jahre), Hongkong und Schweden (81,68 Jahre), Australien und der Schweiz (80,62 Jahre), Frankreich (80,59 Jahre), Island (80,43 Jahre), Kanada (80,34 Jahre) und auf den Kaimaninseln (80,2 Jahre).

In 27 Ländern der Welt kann ein Mensch, der heute geboren wird, damit rechnen, dass er höchstens 50 Jahre alt wird. Erschreckend ist, dass sie alle – abgesehen von Afghanistan – in Afrika liegen. Es gibt sogar fünf Länder in Afrika, in denen jemand, der heute geboren wird, eine Lebenserwartung von weniger als 40 Jahren hat.

Weniger als drei Prozent der Menschen in Uganda sind älter als 65 Jahre. In Monaco dagegen lebt die durchschnittlich älteste Bevölkerung der Welt. Dort ist fast ein Viertel der Bevölkerung älter als 65 Jahre.

In vielen afrikanischen Ländern ist die Hälfte der Bevölkerung jünger als 15 Jahre.

Monaco ist nicht nur eines der kleinsten Länder der Welt, sondern auch das am dichtesten besiedelte. Dort drängen sich fast 33 000 Menschen auf weniger als zwei Quadratkilometern. In Großbritannien leben dagegen nur durchschnittlich 246 Menschen auf einem Quadratkilometer.

Die Mongolei ist das einsamste Land der Erde. Dort leben im Durchschnitt nicht einmal zwei Menschen (1,7) auf einem Quadratkilometer Land. Noch weniger sind es nur auf den Falklandinseln (0,25 Menschen pro Quadratkilometer) und in Grönland (0,026 Menschen pro Quadratkilometer).

Mit 35 Millionen Einwohnern ist Tokio die bevölkerungsreichste Stadt der Welt.

Es leben genauso viele Italiener in anderen Ländern wie in Italien.

Die Weltbevölkerung wächst pro Tag um etwa 250 000 Menschen. (Hier ist bereits berücksichtigt, dass auch täglich Menschen sterben.) Wenn diese Zuwachsrate anhält, verdoppelt sich die Weltbevölkerung in weniger als 50 Jahren auf über zwölf Milliarden Menschen.

VOLLE KRAFT VORAUS

In Taiwan gibt es viele Motorräder: im Durchschnitt je Einwohner ein halbes.

In Vietnam fahren mehr als 20 Millionen Menschen Fahrrad.

In den Niederlanden gibt es 16 Millionen Fahrräder. Das sind – im Verhältnis zur Einwohnerzahl – mehr als in jedem anderen Land der Welt.

Es gibt 400 Millionen Autobesitzer auf der Welt – und doppelt so viele Fahrradbesitzer.

Bis 1965 fuhr man in Schweden links. Der Wechsel wurde um 17.00 Uhr an einem Wochentag vollzogen. Der späte Nachmittag galt als die beste Zeit, um Unfälle zu vermeiden.

Auf je zehn Menschen der Welt kommt ein Auto oder Laster.

Jeepneys sind die beliebtesten öffentlichen Verkehrsmittel auf den Philippinen. Ein Jeepney ist ein Kleinlaster. Er ist bunt bemalt und mit Fahnen und Blumen geschmückt. Ursprünglich wurden diese Autos aus den

Überresten amerikanischer Jeeps gebaut, aber heutzutage gibt es Jeepney-Fabriken und die Eigentümer sorgen selbst für die bunte Bemalung.

1928 schwamm Richard Haliburton durch den Panamakanal. Er musste 36 Cent Gebühr bezahlen.

In Kalifornien wurde ein Auto entwickelt, das ohne Fahrer auskommt. Es wird von einem Roboter mit Laseraugen gesteuert. Wenn man ein solches Auto auf sich zukommen sieht, wird man wohl ganz schön erschrecken …

In Neuseeland liegt die steilste Straße der Welt: die Baldwin Street in Dunedin, mit einer Steigung von 38 Prozent.

In Monaco gibt es keinen Flughafen. Der nächste liegt in Nizza in Frankreich.

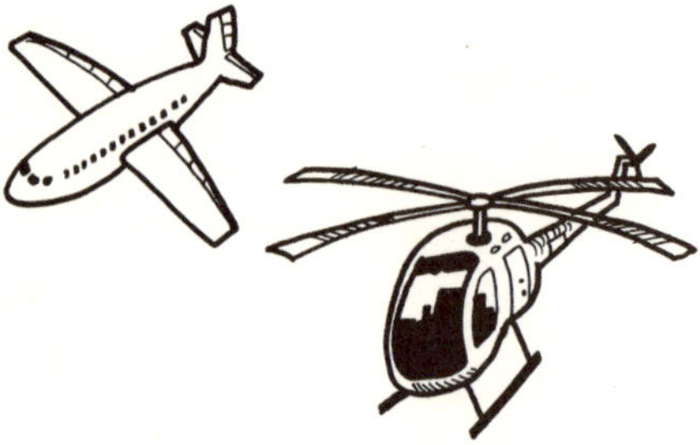

AUF DIE PLÄTZE, FERTIG, LOS!

Der Golfplatz in Bangkok wird mit Flutlichtern beleuchtet, sodass man 24 Stunden am Tag spielen kann.

In Schweden gibt es eine offizielle Schneeballmeisterschaft.

Yukigassen (dieses japanische Wort bedeutet Schneeschlacht) ist ein Sport, der in Japan entwickelt wurde. Er ist aber auch in Finnland, Norwegen und Australien beliebt. Zwei Mannschaften mit je sieben Spielern bewerfen sich auf einem markierten Spielfeld mit Schnee. Klingt lustig!

Niederländische Bauern entwickelten den Vorläufer des Stabhochsprungs, um über Entwässerungsgräben von einem Feld zum andern zu springen. Daraus wurde später die Sportart „Polsstokverspringen". Vermutlich sind die Niederländer auch noch für eine andere bekannte Sportart verantwortlich. Manche Historiker behaupten nämlich, sie hätten Baseball erfunden. Gemälde aus dem 17. Jahrhundert zeigen Kinder, die etwas spielen, was dem sehr ähnlich sieht. Möglicherweise haben also niederländische Siedler Baseball mit nach Amerika gebracht.

***Im alten Japan gab es Wettbewerbe,
wer am lautesten
und am längsten furzen konnte.
Die Sieger bekamen Preise.***

Um die Wette bergsteigen ist in Albanien ein traditioneller Frauensport.

1969 gab es einen einwöchigen militärischen Konflikt zwischen El Salvador und Honduras. Man nennt ihn den „Fußballkrieg". Auslöser waren Ausschreitungen beim WM-Qualifikationsspiel, das El Salvador gegen Honduras gewann. Zwischen den beiden Ländern gab es bereits mehrere Jahre lang Spannungen. Trotzdem glaubten viele Leute, dass es bei diesem Konflikt tatsächlich nur um Fußball ginge. Der Aufruhr lohnte sich allerdings nicht, denn beide Länder wurden 1970 in der ersten Runde aus der WM gekickt.

Schach ist in Armenien so beliebt, dass man es als Nationalsport bezeichnen könnte.

In Brasilien gibt es mehr Profi-Fußballmannschaften als in jedem anderen Land.

Kameltanz hat in Algerien Tradition. Auf Festen bringen die Reiter ihre Kamele dazu, sich im Takt zu traditioneller Musik zu bewegen.

Fischkämpfe sind in Laos sehr beliebt. Die Fische bekommen eine Zeit lang nichts zu fressen und werden dann zusammen in ein Aquarium gesetzt, wo sie aufeinander losgehen.

Singvogel-Wettbewerbe sind in Singapur sehr beliebt. Die Eigentümer der Vögel verwenden viel Zeit darauf, die Tiere zu trainieren. Ein Vogel, der gut singt, kann Tausende Dollar Preisgeld einbringen. Seit 1982 findet jedes Jahr ein nationaler Singvogel-Wettbewerb statt.

Jedes Jahr im August findet im australischen Outback bei Alice Springs ein ungewöhnliches Rennen statt: die sogenannte Henley-on-Todd-Regatta. Weil der Fluss, auf dem dieses „Bootsrennen" ausgetragen wird, aber nur selten Wasser führt, müssen die Teilnehmer ihr Boot durch das trockene Flussbett tragen.

Buzkashi, was wörtlich „Ziege greifen" bedeutet, ist ein beliebter Sport in Zentralasien. Er stammt wahrscheinlich aus dem 13. Jahrhundert und funktioniert so: Die Spieler reiten auf Pferden um eine Grube, in der eine tote Ziege oder ein totes Kalb liegt. Alle versuchen, das Tier dort herauszuholen und die Beute ins Ziel zu bringen, in den sogenannten Kreis der Gerechtigkeit. Die anderen Reiter wollen das natürlich verhindern. Verloren hat in jedem Fall das Tier.

Ein Brite namens Dave Cornthwaite begann im März 2005 mit dem Skateboardfahren. 14 Monate später fuhr er als erster Mensch 1450 Kilometer mit dem Skateboard von John o'Groats an der Nordspitze Schottlands bis Land's End in Südengland.

Nur vier Länder nahmen an allen drei ersten Fußballweltmeisterschaften teil: Rumänien, Brasilien, Frankreich und Belgien.

Die einzigen europäischen Länder, in denen Fußball nicht der beliebteste Zuschauersport ist, sind: Irland (Gaelic Football), Finnland (Eishockey) sowie Lettland und Estland (Basketball).

Kabaddi ist der Nationalsport in Bangladesch und auch in ganz Südostasien beliebt. Dabei besetzen zwei Mannschaften die gegenüberliegenden Hälften eines Spielfelds und schicken jeweils einen „Räuber" in die andere Hälfte. Dort muss er mit Spielern der gegnerischen Mannschaft ringen und gewinnt dabei Punkte. Dann versucht der Räuber, in seine eigene Hälfte zurückzukehren. Wichtig: Während des ganzen Ausflugs muss er die Luft anhalten! Die Mannschaften bestehen jeweils aus zwölf Spielern (sieben auf dem Feld und fünf in Reserve). Das Spiel ist sehr anstrengend, deshalb wird es in zwei Halbzeiten von jeweils 20 Minuten eingeteilt.

Jedes Jahr findet in Buñol in Spanien eine große Tomatenschlacht statt. Zehntausende Menschen kommen aus aller Welt, um daran teilzunehmen. Dabei werden mehr als 100 Tonnen überreifer Tomaten durch die Straßen geworfen. In der Woche vor der großen Schlacht gibt es in der ganzen Stadt Umzüge, Feuerwerk, Fressbuden und Straßenfeste.

In Sri Lanka lässt man Drachen mit einer Größe von neun Quadratmetern steigen. Man benutzt kleinere Drachen, um die größeren in die Luft zu ziehen, und 90 Meter Schnur, um sie steigen zu lassen.

Radfahren ist der Sport Nummer eins in Belgien. Es gibt dort Hunderte Kilometer von Radwegen.

Bei jungen Leuten in Afghanistan ist der Drachenkampf ein sehr beliebtes Spiel. Die Drachenschnüre werden mit einer Mischung aus Mehl und Glassplittern bestrichen, die Teilnehmer versuchen dann, damit die Schnüre anderer Drachen durchzuschneiden.

Auch Ringen ist in Afghanistan sehr beliebt. Ziel des Spiels ist es, den Gegner am Boden zu halten, ohne seine Beine zu berühren.

Bevor wir Afghanistan verlassen, sollten wir noch ein Spiel erwähnen, das dort gern gespielt wird. Dabei müssen die Spieler den linken Fuß in die rechte Hand nehmen, umeinander herumhüpfen und dabei versuchen, sich gegenseitig umzustoßen.

VOLL GESTYLT?

In Kambodscha tragen klassische Tanzgruppen Kostüme, die besonders eng anliegen sollen – so eng, dass die Tänzer vor dem Auftritt darin eingenäht werden müssen.

In Deutschland ist die Farbe der Trauer schwarz, in der Türkei violett, in China dagegen weiß.

Vietnamesische Bauern tragen spitze Hüte, um sich vor der Sonne zu schützen. Bei manchen dieser Hüte ist die Krempe innen mit Gedichten beschrieben.

Traditionell trägt die Braut in China Rot, nicht Weiß.

In Ostafrika tragen manche Frauen ein Kanga, ein leuchtend buntes Tuch, das sie um Körper und Kopf wickeln. Die Kangas sind nach einem gefleckten Vogel benannt, denn viele traditionelle Muster dieser Tücher zeigen weiße Tupfen auf dunklem Stoff.

**Die Aymara-Frauen
in Bolivien, Peru und Chile
tragen ihre Melonenhüte
schräg auf dem Kopf,
wenn sie ledig sind,
aber gerade,
wenn sie verheiratet sind.**

VON BÜCHERWÜRMERN & BILDSCHIRMZOCKERN

Mehr als die Hälfte der Menschen auf der Welt hat noch nie telefoniert oder einen Anruf bekommen.

Die Philippiner verschicken mehr SMS pro Tag als alle Menschen in Europa und den USA zusammen.

Die Taiwanesen verbringen mehr Zeit im Internet als alle anderen.

Die Argentinier hören mehr Radio als alle anderen auf der Welt (im Durchschnitt mehr als 20 Stunden pro Woche).

Singapur und Luxemburg sind die beiden Länder, die am häufigsten im Internet recherchiert werden.

Die Thailänder sehen mehr fern als alle anderen, dicht gefolgt von den Philippinern.

In diesen Ländern gibt es die meisten Handys:
China - 461 Millionen; USA - 233 Millionen;
Indien - 166 Millionen; Russland - 133 Millionen;
Japan (dort werden auch die meisten hergestellt) - 101 Millionen; Brasilien - 99 Millionen;
Deutschland - 84 Millionen; Italien - 71 Millionen;
Großbritannien - 69 Millionen.
In Deutschland hat also im Durchschnitt jede Person mehr als ein Handy. Und bedenke, dass viele Leute gar kein Handy haben!
Andere haben dafür offensichtlich gleich mehrere.

Isländer
lesen
mehr
Bücher
als alle
anderen.

In Katar kann man besonders billig Handys kaufen. Dort wurde außerdem die Telefonnummer 666 6666 für etwa 1,6 Millionen Euro versteigert.
In Katar gilt die Sechs als Glückszahl!

Und hier noch die wenigen Orte auf der Erde,
an denen einem ein Handy gar nichts nützt,
weil es keinen Empfang gibt:
die Falklandinseln, Tokelau, Tuvalu,
Wallis und Futuna im Südpazifik
und die Westsahara.

GANOVEN, GANGSTER & CO.

Die Chinesen nutzen Fingerabdrücke seit 1500 Jahren zur Identifikation, aber es war ein Belgier, der als Erster ihren Nutzen für die Kriminalistik erkannte.

In den 1920er-Jahren gab es in Russland ein Gesetz, demzufolge alle privaten Autos (das heißt diejenigen, die nicht von der kommunistischen Regierung genutzt wurden) rundum einen gelben Streifen haben mussten.

In Arizona ist es verboten, Kamele zu jagen.

In Afghanistan war es verboten, Melodien von Chopin auf dem Banjo zu spielen.

Wer im alten China betrunken in der Öffentlichkeit erwischt wurde, musste mit der Todesstrafe rechnen.

In Belgien ist es Kindern verboten, an Heiligabend Polizisten mit Bananen zu bewerfen. Dafür ist es Polizisten verboten, Kinder am ersten Weihnachtstag mit Bananen zu bewerfen.

Kaugummi kauen ist in Singapur verboten.

In der finnischen Hauptstadt Helsinki schreiben die Polizisten nicht immer Strafzettel für falsches Parken. Manchmal lassen sie stattdessen einfach die Luft aus den Reifen.

Früher war es in der Schweiz verboten, Autotüren laut zuzuschlagen.

1976 wurden in Russland Mikrowellen verboten.

1954 erließ die französische Stadt
Châteauneuf-du-Pape ein Gesetz,
das es fliegenden Untertassen verbietet,
auf ihrem Stadtgebiet zu landen.
Das klingt vielleicht verrückt,
aber bisher hat es funktioniert.

In der belgischen Stadt Antwerpen war es früher verboten, die Hauptstraße entlangzugehen und dabei einen roten Hut zu tragen.

In Deutschland gibt es einige merkwürdige Gesetze. Hier sind einige: Von jedem Büro aus muss man den Himmel sehen können. Es ist verboten, Masken zu tragen. Ein Kissen gilt als Waffe.

In Malta ist es verboten, mit freiem Oberkörper Auto zu fahren.

Drachenfliegen ist in den meisten Nationalparks in Äthiopien verboten, weil es die Antilopen erschreckt und diese dann großen Schaden anrichten können.

Theoretisch ist es verboten, im britischen Parlament zu sterben.

In Thailand ist es verboten, das Haus zu verlassen, wenn man keine Unterwäsche trägt.

In Frankreich war es früher verboten, einem Schwein den Namen Napoleon zu geben. Außerdem durften keine Puppen ohne Gesicht verkauft werden.

In Singapur wird eine Geldbuße fällig, wenn man eine öffentliche Toilette benutzt und nicht die Spülung zieht. Außerdem ist es verboten, zu spucken oder Tauben zu füttern.

1386 wurde ein Schwein öffentlich gehängt, weil es ein Kind ermordet hatte. Für die Hinrichtung wurden dem Schwein Kleider angezogen.

In der Schweiz werden die meisten Autodiebstähle angezeigt, in Holland dagegen die meisten Einbrüche.

In Katar müssen Fußgänger ein Bußgeld zahlen, wenn sie nicht auf dem Bürgersteig gehen.

YUMI, YUMI, YUMI

Die Nationalhymne von Vanuatu heißt Yumi, Yumi, Yumi.

Die estnische Nationalhymne hat die gleiche Melodie wie die finnische, aber einen anderen Text.

Fünf Prozent der Kanadier kennen die ersten sieben Wörter der kanadischen Nationalhymne nicht, wohl aber die ersten neun Wörter der amerikanischen.

Die griechische Nationalhymne hat 158 Strophen. Angeblich kann niemand sie komplett auswendig.

Die Marseillaise, die Nationalhymne Frankreichs, wurde 1792 in Straßburg komponiert – nicht etwa in Marseille.

Die Nationalhymne der Niederlande gilt als die älteste der Welt. Sie hat die Form eines Akrostichons: Die Anfangsbuchstaben der 15 Strophen ergeben den Namen Willem van Nassov, besser bekannt als Wilhelm von Oranien.

Die Flagge der Isle of Man zeigt drei miteinander verbundene Beine.

Die Farben der jamaikanischen Flagge sind symbolisch. Schwarz steht für die Kraft und Kreativität der Menschen, Gold für den natürlichen Reichtum und die Schönheit des Sonnenlichts, und Grün für die Hoffnung und die Landwirtschaft.

Die Flagge Italiens wurde von Napoleon entworfen.

Libyen hat als einziges Land eine Flagge in nur einer Farbe, ganz ohne Symbol. Die Farbe ist grün und steht für den Islam.

Die Flaggen von Guatemala und Mosambik zeigen eine Kanone und ein Gewehr.

Nepal hat als einziges Land der Welt keine viereckige Flagge. Sie besteht aus zwei sich überlappenden Dreiecken.

Die Philippinen stellen als einziges Land der Welt ihre Flagge auf den Kopf, wenn sie sich im Krieg befinden: In Friedenszeiten liegt der blaue Teil oben, im Krieg der rote.

Blau und Gelb in der ukrainischen Flagge stehen für ein Feld mit goldenem Korn und den blauen Himmel darüber.

AUS DEM LEHRERZIMMER

Es gibt etwa 20 Länder auf der Welt, in denen weniger als die Hälfte der Bevölkerung lesen und schreiben kann. Fast alle diese Länder liegen in Afrika, aber auch Pakistan und Afghanistan gehören dazu. Letzteres hat mit 72 Prozent die zweithöchste Analphabetenrate.
Burkina Faso ist mit 79 Prozent Spitzenreiter.

Die Kanadier erhalten die beste Bildung. 44 Prozent von ihnen besuchen eine Universität.

In Bahrain gehen Jungen und Mädchen in getrennte Schulen. Wenn es in einem Dorf nur eine Schule gibt, gehen die Jungen morgens zur Schule und die Mädchen nachmittags.

Schüler aus aller Welt kommen nach Montreal in Kanada, um an der École Nationale du Cirque zu Akrobaten, Trapezkünstlern, Tänzern und Schauspielern ausgebildet zu werden. Diese Zirkusschule arbeitet eng mit dem weltberühmten Cirque du Soleil zusammen.

Ein Schuljahr dauert im Durchschnitt 200 Tage. In den USA sind es 180 Tage, in Schweden 170. In Japan dagegen dauert das Schuljahr 243 Tage – etwa so lang wie das durchschnittliche Arbeitsjahr.

Kinder in Trinidad und Tobago sind nur sechs Jahre lang gesetzlich schulpflichtig – im Alter zwischen sechs und zwölf Jahren.

Damit Sambia seine Bevölkerung ernähren kann, müssen alle Schulen eigene Gärten haben. Dort lernen die Schüler, wie man Obst und Gemüse anbaut.

In vietnamesischen Schulen wird das Ende der Stunde mit einem Gong angezeigt statt mit einer Glocke.

In den meisten weiterführenden Schulen in Bhutan unterrichten buddhistische Mönche.

 Die größte Schule der Welt steht auf den Philippinen. Dort werden etwa 20 000 Schüler unterrichtet.

In Malaysia besuchen so viele Schüler die staatlichen Schulen, dass diese manchmal im Schichtbetrieb arbeiten. Die erste Schicht dauert von neun bis 13 Uhr, die zweite von 14 bis 18 Uhr.

In Litauen bringen die Kinder am ersten Tag des neuen Schuljahrs einen Blumenstrauß für ihren Lehrer mit.

GESUNDHEIT!

1976 streikten die Ärzte in Los Angeles, weil ihnen die Versicherung gegen Kunstfehler zu teuer wurde. Alle Operationen und medizinischen Behandlungen, die keine Notfälle waren, wurden abgesagt.
Während des Streiks starben 18 Prozent weniger Menschen als sonst.

China hat die meisten Kranken-häuser der Welt: nämlich 67807.

In Somalia wird eine ganze Anzahl von Beschwerden mit Hammelfett behandelt, von Rheumatismus über Knochenbrüche bis hin zu Brustschmerzen.

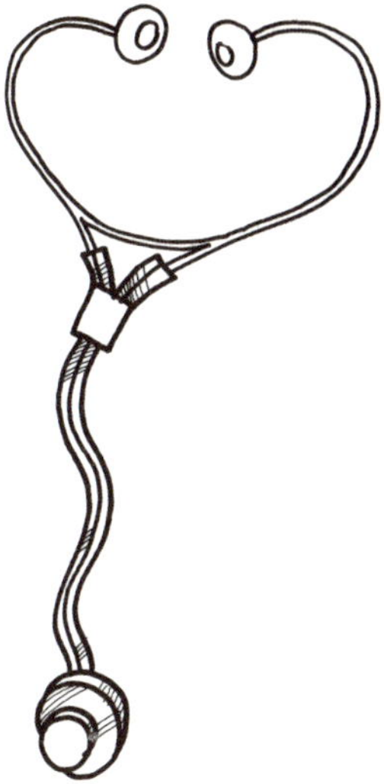

Das Land mit den meisten Zahnärzten pro Kopf sind die USA.

Um Beschwerden zu lindern und Krankheiten zu heilen, baden die Menschen in Eritrea lieber in einer der vielen heißen Quellen des Landes, als zum Arzt oder ins Krankenhaus zu gehen.

Sumgayit in Aserbaidschan gilt als die schmutzigste Stadt der Welt, während Baku – ebenfalls in Aserbaidschan – am schlechtesten abschneidet, wenn es um Gesundheit und Hygiene geht (gefolgt von Antananarivo auf Madagaskar).

In Japan wäscht man sich, bevor man ins Bad steigt. Das Bad ist zum Entspannen da, nicht zum Sauberwerden. Das Wasser bleibt dabei so sauber, dass später noch ein weiteres Familienmitglied im selben Wasser baden kann.

In Tibet haben manche Frauen spezielle Metallinstrumente, um in der Nase zu popeln.

In Bulgarien sagte man vom Feuertanz, einem alten religiösen Ritualtanz auf glühenden Kohlen, dass er Krankheiten vertreiben und die Gesundheit wiederherstellen würde.

FÜR PARTYLÖWEN

Am 9. Oktober feiert man in Südkorea Hangul, einen Feiertag zu Ehren des Alphabets.

Besucher mit Brot und Salz zu begrüßen, gehört in Weißrussland traditionell zur Gastfreundschaft.

In Malaysia wird die Geburt eines Kinds gefeiert, wenn es einen Monat alt ist. Zu diesem Anlass wird ihm der Kopf kahl rasiert.

In Nepal tragen Kinder am Geburtstag ein Zeichen auf der Stirn, das Glück bringen soll.

Thingyan, das burmesische Neujahrsfest, wird etwa Mitte April gefeiert. Wie das Osterfest, mit dem es oft zusammenfällt, hat es kein festes Datum (es wird nach dem traditionellen Kalender Burmas berechnet). Es ist der wichtigste Feiertag in Burma, und die Leute feiern, indem sie sich gegenseitig mit Wasser bespritzen – mit Wasserpistolen, Eimern oder anderen Gefäßen, die gerade zur Hand sind.

In Tansania wird jedes Jahr auf dem Kilimandscharo eine Fackel entzündet und dann von Läufern durch das Land getragen, um dessen Unabhängigkeit zu feiern.

In Norwegen tanzt das Geburtstagskind vor der Klasse mit einem Freund. Die anderen Kinder singen „Happy Birthday" dazu.

Am Festtag des heiligen Antonius zündet sich in der italienischen Stadt Capena jeder Bewohner eine Zigarette an – auch die Kinder.

Die Berber in Algerien sind stolz auf ihre Gastfreundschaft. Bei ihnen ist das folgende Sprichwort verbreitet: „Wenn ihr in unser Haus kommt, sind wir eure Gäste, denn das Haus gehört euch."

In Kanada, vor allem an der Atlantikküste, gibt es die Tradition, dem Geburtstagskind aufzulauern und seine Nase mit Fett einzureiben. Das soll Glück bringen, denn das Fett macht die Nase so glitschig, dass das Unglück sie nicht zu fassen bekommt. Diese Tradition soll schottischen Ursprungs sein.

In Argentinien ist es Brauch, für jedes Lebensjahr einmal am Ohrläppchen des Geburtstagskinds zu ziehen.

In Korea gilt es als höflich, Gegenstände mit beiden Händen zu übergeben und entgegenzunehmen. Wenn Koreaner ein Geschenk erhalten sollen, strecken sie die rechte Hand aus, um es anzunehmen, und legen die linke Hand unter das rechte Handgelenk.

Die Afghanen feiern die Geburt eines Kindes traditionell am sechsten Tag nach seiner Geburt. An diesem Tag erhält das Kind seinen Namen, Gäste kommen zu Besuch und bringen Geschenke.

Wenn die Menschen in Mauritius ein Geschenk bekommen, nehmen sie es immer mit der rechten Hand an.

In Kroatien feiern junge Leute die Sommersonnenwende, indem sie über Freudenfeuer springen.

In Tschechien werden bei Hochzeiten Erbsen geworfen.

Wenn ein Kongolese jemanden zum Essen einlädt, wird von dem Gast erwartet, dass er die Einladung zunächst abwehrt. Schließlich sollte er sie aber annehmen. Alles andere wäre unhöflich.

In Saudi-Arabien ist die Privatsphäre sehr wichtig. Gäste in einem saudi-arabischen Haus sollten sich so vor die Tür stellen, dass sie nicht ins Innere schauen können, und erst eintreten, wenn der Gastgeber das Zeichen dazu gibt – indem er die rechte Hand mit der Handfläche nach oben ausstreckt und sie bittet hereinzukommen.

90 **Nach einer Hochzeit wird in Somalia drei bis sieben Tage am Stück getanzt.**

Die Piñata, ein bunter Papierbehälter mit Süßigkeiten, manchmal auch Spielsachen, gehört in Mexiko zu jeder Geburtstagsfeier. Sie wird an einen Ast oder an die Zimmerdecke gehängt, und die Kinder schlagen mit Stöcken danach, bis das Papier aufreißt und die Süßigkeiten herausfallen.

In Marokko ist es üblich, dass die Braut während der Trauung die Augen geschlossen hält.

DER BENGALISCHE TIGER

Länder und ihre Symbole:

Indien – ***der bengalische Tiger***
Japan – ***die Kirschblüte***
Türkei – ***die Tulpe***
Neuseeland – ***der Kiwi***
Bulgarien – ***der Löwe***
Kanada – ***das Ahornblatt***
Australien – ***das Känguru***

Belgien – ***die Mohnblüte***
China – ***der Drache***
Dänemark – ***die Buche***
Ecuador – ***die Galapagos-Schildkröte***
Frankreich – ***der Hahn***
Griechenland – ***der Olivenzweig***

Irland – **das dreiblättrige Kleeblatt**
Mexiko – **die Dahlie**
Niederlande – **die Tulpe**
Portugal – **der Hahn**
Russland – **der Bär**
Schottland – **die Distel**
Thailand – **der Elefant**
(Das Land hat die Form eines Elefantenkopfs.)
USA – **der Weißkopfseeadler**
Vietnam – **der Wasserbüffel**
Wales – **Narzisse, Lauch, Drache**

VOLL DANEBEN!

Plessey und GEC betrieben zusammen ein Unternehmen in Frankreich. Die Abkürzung des Namens lautete GPT. Wenn man das auf Französisch ausspricht, klingt es wie „J'ai pété", was bedeutet: „Ich habe gefurzt."

Der Name des italienischen Mineralwassers Traficante heißt im Spanischen Drogendealer.

Das Bier Coors warb mit dem Slogan „Jetzt geht's los", woraus in der spanischen Übersetzung wurde: „Kriege Durchfall".

Der Werbespruch „Finger-lickin' good" von Kentucky Fried Chicken wurde ins Chinesische übersetzt als: „Knabbere deine Finger ab".

Eine Fluggesellschaft wollte ihre komfortablen Sitze auf Spanisch anpreisen, und aus „Fliegen in Leder" wurde „Nackt fliegen".

Die Baumarktkette Götzen eröffnete eine Niederlassung in der Türkei, musste aber den Namen ändern, denn göt bedeutet im Türkischen Hintern.

Samarin ist ein schwedisches Medikament gegen Magenbeschwerden. Die Firma warb mit einer Anzeige, in der eine Folge von drei Bildern zu sehen war. Das erste zeigte einen Mann, dem offensichtlich übel war, auf dem zweiten trank er ein Glas Samarin, und auf dem dritten ging es ihm gut. Diese Anzeige wurde in der gleichen Form auch in arabischen Zeitungen veröffentlicht – dort liest man von rechts nach links.

Ford hatte in den lateinamerikanischen Ländern Probleme mit dem Modell Fiera, weil das dort „hässliche alte Frau" bedeutet.

Nissan brachte das Modell Moco auf den Markt, bevor sie feststellten, dass dies das spanische Wort für Schleim ist.

Als das US-Unternehmen Gerber begann, Babynahrung in Afrika zu verkaufen, blieben sie bei der üblichen Verpackung, die ein niedliches Baby zeigte. Das mussten sie ändern, weil es in Afrika üblich ist, ein Bild des Inhalts auf die Verpackung von Lebensmitteln zu drucken.

WER'S GLAUBT WIRD SELIG

Die Religion der Todas in Südindien verbietet ihnen, Brücken zu überqueren.

In Sri Lanka gibt es einen Tempel, der einem Zahn Buddhas geweiht ist.

1654 errechnete der irische Bischof James Ussher anhand von Bibelstellen im Alten Testament, wann die Erde erschaffen wurde. Sein Ergebnis: am 26. Oktober des Jahres 4004 v. Chr.

Johannes starb als einziger der zwölf Apostel eines natürlichen Todes.

Papst Paul IV. war empört, als er die nackten Körper an der Decke der Sixtinischen Kapelle sah, und trug Michelangelo auf, ihnen Kleider zu malen.

In Armenien wird Weihnachten am 19. Januar gefeiert.

Das Wort **Sonntag** kommt in der Bibel nicht vor.

Die Kogi in Kolumbien betrachten die Sierra Nevada als heilig, denn sie halten sie für das Zentrum des Universums.

Jerusalem gilt drei Weltreligionen als heilige Stadt.

In Russland wird Weihnachten am 25. Dezember und am 7. Januar gefeiert.

In Thailand leben mehr als 200 000 Mönche.

Kirchenuhren auf Malta zeigen jeweils zwei verschiedene Zeiten an, um den Teufel irrezuführen.

Der malaiische Dolch Kris (oder Keris) ist nicht nur eine Waffe, sondern auch ein spiritueller Gegenstand. Der Kris ist wie eine Schlange oder ein Drache geformt und soll seinem Besitzer magische Kräfte verleihen.

Der Leim auf israelischen Briefmarken ist als koscher zertifiziert.

Kühe gelten in Indien als heilig, deshalb können sie frei durch die Städte streifen, ohne dass die Menschen sie aufhalten. In Neu-Delhi werden den Kühen manchmal Mikrochips in den Magen eingepflanzt. Damit kann man sie wiederfinden, wenn sie sich verlaufen, und sie ihrem Besitzer zurückbringen.

Die Dominikanische Republik hat mit 99,6 Prozent den höchsten Anteil an Christen in der Bevölkerung (wohl nur noch übertroffen durch Vatikanstadt).

Die meisten Muslime leben in Pakistan, die meisten Hindus in Indien und die meisten Buddhisten in China.

In Burma glauben manche Menschen, dass man sich montags, freitags und an seinem Geburtstag nicht die Haare schneiden lassen sollte. Pech für den Friseur.

In Chile sind die Menschen in Bezug auf Silvester recht abergläubisch. Man soll zum Beispiel um Mitternacht Linsen essen, weil das Glück bringt, oder mit einem Koffer herumlaufen, wenn man im neuen Jahr auf Reisen gehen möchte.

In Russland reicht man sich über eine Türschwelle hinweg nicht die Hand, denn das könnte Streit bedeuten.

In China bringt es angeblich Unglück, jemandem eine Uhr zum Geburtstag zu schenken, denn das chinesische Wort für „Uhr" ähnelt dem für „tot".

In den Wäldern Weißrusslands wächst ein Farn, der selten blüht. Es heißt, wenn man ihn blühend antrifft, bringt das Glück. Angeblich folgen böse Geister den Menschen durch den Wald, damit diese den Zauberfarn nicht finden.

In Bulgarien gibt es viele Störche. Obwohl sie wenig dekorative Nester auf Dächern und Leitungsmasten bauen, gelten sie als Glücksbringer.

Die alten Ägypter waren der Meinung, dass man mit Zwiebeln böse Geister vertreiben könnte.

Wie in Deutschland ist auch in Australien der Aberglaube verbreitet, dass man sich beim Zuprosten in die Augen schauen muss, sonst hat man sieben Jahre Pech. Ebenfalls sieben Jahre Pech hat man, wenn man einen Spiegel zerbricht.

Koreaner schreiben den Namen eines Menschen nie mit roter Tinte, denn das würde bedeuten, dass sie diesen Menschen für tot halten – oder noch schlimmer, dass sie ihm den Tod wünschen.

In der Türkei ist so mancher Aberglaube verbreitet. Wenn man zum Beispiel eine Spinne im Haus entdeckt oder sich die Kleidung bekleckert, bedeutet das, dass bald Gäste kommen. Sieht man eine schwarze Katze, muss man gleich nach einer Haarsträhne greifen, um Unglück abzuwenden. Außerdem gibt es dort den schönen Aberglauben, dass man einen Wunsch erfüllt bekommt, wenn man zwischen zwei Menschen steht, die den gleichen Namen tragen.

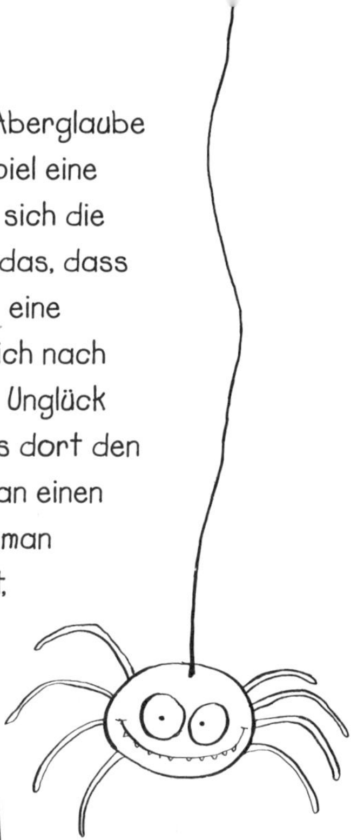

Kasachen pfeifen nie in ihrem eigenen Haus – auch nicht in dem anderer Leute –, denn sie fürchten, dass sie damit dem Hausbesitzer Armut bringen.

In Venezuela sagt man: Wenn jemand mit dem Besen über deine Füße kehrt, wirst du niemals heiraten.

Die Chinesen verschenken keine Messer, Scheren oder andere Schneideinstrumente, weil man damit den Wunsch andeutet, die Beziehung zu beenden. Taschentücher oder Strohsandalen zu verschenken ist ebenfalls tabu, denn sie werden mit Tod und Beerdigungen in Verbindung gebracht.

Die Japaner glauben, dass man ein Stück Schlangenhaut in der Brieftasche tragen sollte, um reich zu werden oder Geld zu finden. Schlangen sind in Japan ein Symbol für Geld und Reichtum. Manche Menschen glauben, dass die Schlange ein Tier Gottes ist, deshalb töten sie keine Schlangen – sie könnten sonst vielleicht ihr Geld verlieren.

In der Ukraine
bringt es Glück,
am Weihnachtsmorgen
ein Spinnennetz
im Haus zu finden.

LECKER-SCHMECKER

Viele Honduraner züchten in ihrem Garten Ananaspflanzen. Alle Teile der Ananasfrucht werden verwertet: Aus der Schale macht man Tee oder Essig. Das Fruchtfleisch verarbeitet man zu Saft, Marmelade oder Kuchen. Die grünen Spitzen werden in einen Eimer mit Wasser gestellt, bis sie Wurzeln treiben und wieder in den Garten gesetzt werden können.

Syrien ist eins der Länder mit dem höchsten Zuckerverbrauch und den süßesten Limonaden der Welt.

Über 99 Prozent der Nahrungsmittel der Welt werden an Land hergestellt; weniger als ein Prozent stammt aus Meeren und Flüssen.

In Deutschland gibt es über 5000 Biersorten und mehr als 300 Brotsorten.

In Sambia drohte einmal ein Präsident mit dem Rücktritt, wenn seine Landsleute nicht aufhören würden, so viel Alkohol zu trinken.

Mali ist für seine Salzminen berühmt. Salz war früher ein so wertvolles Gut, dass man ein Pfund Gold gegen ein Pfund Salz tauschte.

In Dänemark isst man die meisten Tiefkühlgerichte.

In Mexiko galt Schokolade, die aus der Bohne des Kakaobaums hergestellt wird, als Getränk der Götter. Nach dem Gesetz durften nur die Adligen sie trinken.

Petersilie ist das am weitesten verbreitete Gewürz der Welt.

In Frankreich trinkt jeder Einwohner durchschnittlich knapp 50 Liter Wein pro Jahr.

Donuts kommen ursprünglich aus Holland.

Tee ist das Nationalgetränk in Afghanistan.

In Somalia trinken manche Nomaden ein Getränk, zu dessen Herstellung man Kamelmilch in einen Lederschlauch füllt und eine Woche lang vergräbt.

Bei den Malagasy auf Madagaskar wird das Essen traditionell auf Matten auf dem Fußboden serviert.

Popcorn und Süßigkeiten sind die beliebtesten Kino-Snacks in Deutschland, in anderen Teilen der Welt isst man dagegen lieber Exotischeres: In China sind es gesalzene Pflaumen oder Tofustücke in einer würzigen Sauce. In Japan bevorzugt man Tintenfischpfannkuchen oder Krakenspieße. In Indonesien isst man getrockneten Fisch oder Sepia. In Korea kauen die Zuschauer gern auf gebratenen Krakententakeln mitsamt den Saugnäpfen.

In Grönland gib es Seevögel in Robbenhaut als traditionelles Weihnachtsessen.

Chicle, ein milchiger Saft, der aus einem mexikanischen Baum gewonnen wird, ist die wichtigste Zutat für Kaugummi.

Die Philippiner nutzen alle Teile des Kokosnussbaums. Aus den Früchten machen sie Kopra (getrocknetes Kokosfruchtfleisch) und Öl, die Blätter verwenden sie für Hüte und Bälle. Die Stämme selbst werden als Bauholz genutzt.

Eine Brauerei in Polen hatte eines Tages ein Problem mit ihren Rohrleitungen. Das führte dazu, dass Bier in die Wasserleitungen gelangte. Die Leute konnten also Bier aus dem Wasserhahn in der Küche oder im Bad zapfen.

In Laos gibt es praktisch keine Kühlschränke. Deshalb muss das Essen immer frisch zubereitet werden. Oft wird Minze verwendet, um die Lebensmittel frisch zu halten.

Am Flughafen Brüssel wird mehr Schokolade verkauft als irgendwo sonst auf der Welt.

In Laos isst man große Wasserkäfer.

Kartoffeln spielen seit Jahrhunderten eine große Rolle in Irland. Vor der großen Hungersnot im 19. Jahrhundert aß jeder Ire durchschnittlich sechs Kilo Kartoffeln am Tag. Auch heute noch essen sie mehr Kartoffeln als alle anderen Europäer.

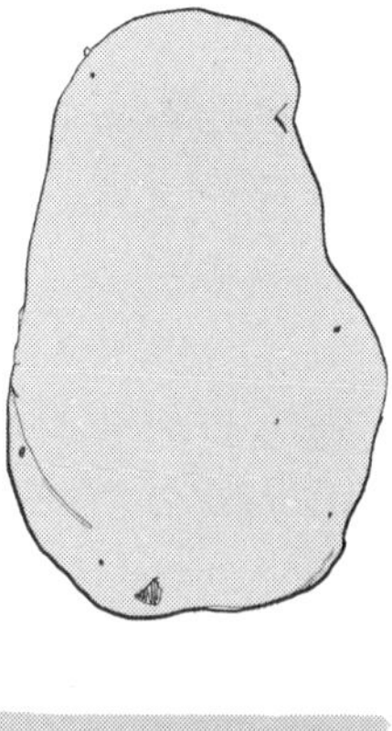

Ein Franzose isst durchschnittlich 800 Gramm Knoblauch pro Jahr.

Bei den Ureinwohnern Australiens gilt eine Insektenlarve, die sogenannte Witchetty-Made, als Delikatesse. Sie ist weiß, so groß wie eine kleine Möhre und man findet sie oft an den Wurzeln von Akazien.

Die Durian ist die am meisten stinkende Frucht der Welt. In den Ländern, in denen sie heimisch ist (Brunei, Indonesien und Malaysia), gibt es auf Märkten und Restaurants abgetrennte Bereiche für Kunden, die diese Frucht genießen möchten, damit der Gestank die anderen nicht stört.

In Zypern wird im Sommer Salz aus Seen gesammelt. Das Wasser verdunstet in der Sonne und nur das Salz bleibt übrig.

Der Würfelzucker wurde 1843 in der heutigen Tschechischen Republik erfunden.

Kaffee ist nach Erdöl das am zweithäufigsten gehandelte Gut.

Der Mokka ist nach der jemenitischen Stadt Mocha benannt. Hier wurde die Kaffeebohne mit einem Hauch von Schokolade entdeckt.

Die Argentinier essen mehr Fleisch als alle anderen Völker.

In Frankreich gibt es über 300 verschiedene Käsesorten.

Bevor die Menschen in den Anden das Maisgetränk Chicha trinken, lassen sie für Pachamama (die Göttin, die als Mutter des Universums gilt) ein paar Tropfen auf den Boden fallen. Das soll ihnen eine gute Ernte sichern.

Die Inuit bewahren ihre Lebensmittel im Kühlschrank auf, damit sie keine Frostschäden bekommen.

Sieben Prozent der irischen Gerstenernte wird zum Brauen von Guiness verwendet.

Die Mongolen geben Salz statt Zucker in ihren Tee.

Der mexikanische Aztekenkaiser Montezuma trank bis zu 50 Gläser Kakao am Tag.

In Japan werden würfelförmige Wassermelonen verkauft

China verbraucht 45 Milliarden Essstäbchen pro Jahr.

In den Lebensmittelgeschäften Afghanistans sind Papiertüten verboten, denn Papier gilt als heilig.

Diese Spezialitäten aus aller Welt gibt es wirklich!

Hund aus dem Wok

(China)

Kaninchenkötel

(Indianer am Oberen See verwenden sie als Gewürz für Rotwein)

Brotaufstrich aus gehacktem Ochsenfrosch

(USA)

Frittiertes Pferdefleisch

(Schweiz)

Eintopf aus Rinder-Innereien

(Österreich)

Raupen des Coloradia-Schmetterlings

(Paiute-Indianer in Oregon)

Känguru-Braten
(Australien)

Kalbskopf mit frittiertem Hirn
(USA, 19. Jahrhundert)

Gedünstete Katze mit Huhn
(China)

Burgoo, ein Eintopf aus Eichhörnchen-, Kaninchen-, Tauben-, Wildenten- bzw. Hühnerfleisch und Gemüse
(USA, Appalachen)

Nasenbeutler, in Milch gekocht
(Australien, frühes 20. Jahrhundert)

Schweinedarm mit Fischpastete und Leber
(China)

Kuttelsuppe
(Tschechische Republik)

Termitenpastete
(Sansibar)

Schweineschwänze
(Frankreich)

Geräucherter Hund
(Philippinen)

Knusprig gebratene Termiten
(Swasiland)

Drachen-, Phönix- und Tigersuppe aus Schlangen-, Hühner- und Katzenfleisch
(China)

Geröstete Palmwürmer mit Orangensaft
(Französisch-Westindien)

Gebratenes Opossum
(USA)

Kalbsfußeintopf
(Philippinen)

Geschmortes Kuheuter
(Frankreich)

Bärentatze Dalmatiner Art
(Kroatien und Dalmatien)

Hundeschinken
(China)

Schweineohren
(Deutschland)

Gebackene Elefantenfüße
(Afrika, 19. Jahrhundert)

Welpe, am Spieß gebraten
(Hawaii)

Gekochte Heuschrecken
(Vietnam)

MEIN HOLZSCHUH BRICHT!

In den Niederlanden gibt es den Ausruf des Erstaunens: „Mein Holzschuh bricht!“ Manche niederländischen Bauern tragen noch heute Holzschuhe, weil sie wasserdicht und rutschfest sind. Das ist auf den feuchten Feldern von Vorteil.

Rumänische Wörter klingen ähnlich wie italienische, französische oder spanische, weil Rumänien das einzige Land Osteuropas ist, dessen Sprache lateinischen Ursprungs ist.

Antarktis bedeutet „gegenüber der Arktis“.

Nachdem die Normannen 1066 England erobert hatten, war Französisch 300 Jahre lang die offizielle Sprache in England.

Der Name Spanien bedeutet ursprünglich „Land der Kaninchen".

In Japan bellen die Hunde nicht „wau, wau", sondern „wan, wan".

In der laotischen Sprache gibt es keine Wörter, die auf s enden. Das Land heißt dort also Lao und nicht Laos.

Das polnische Alphabet hat 32 Buchstaben, darunter drei Versionen des Buchstabens Z.

Im Malaiischen wird der Plural gebildet, indem man ein Wort wiederholt. Das malaiische Wort für Mann lautet beispielsweise „laki", die Mehrzahl heißt also „laki-laki".

In der Sprache Lozi in Sambia gibt es mindestens 40 Wörter mit der Bedeutung „Frau". Die Wörter beschreiben Frauen in verschiedenen Lebensabschnitten, zum Beispiel: unverheiratet, frisch verheiratet und gerade im Dorf des Manns angekommen oder verwitwet.

In Bulgarien bedeutet Kopfschütteln Ja und Nicken Nein.

Vom 17. bis 19. Jahrhundert war Französisch die Sprache der Diplomatie und der Kultur in Europa und wurde an vielen nordeuropäischen Höfen gesprochen. Heute gibt es etwa 125 Millionen Französisch-Sprecher auf der Welt.

Wegen der vielen verschiedenen Kulturen und Sprachen auf ihrer Insel beherrschen viele Bewohner von Mauritius mehrere Sprachen. So könnte jemand zu Hause Bhojpuri sprechen, bei der Arbeit mit dem Chef Französisch, Englisch bei einer Behörde und Kreolisch mit Freunden.

Das kambodschanische Alphabet hat 72 Buchstaben.

Es gibt mehr als 7000 Sprachen auf der Welt. Die am häufigsten gesprochene ist Mandarin-Chinesisch, gefolgt von Englisch und Spanisch. Russland ist zwar das größte Land der Welt, aber nur 145 Millionen Menschen sprechen Russisch als Muttersprache.

In Jamaika bezeichnet man die wichtigsten Anbauprodukte als Gold: Zucker ist „braunes Gold", Bananen sind „grünes Gold" und Zitrusfrüchte „Sonnengold".

Mehr als 800 verschiedene Sprachen werden in Papua-Neuguinea gesprochen. Bei einer Bevölkerung von kaum mehr als sechs Millionen Menschen wird im Durchschnitt also eine Sprache von nur 7500 Menschen gesprochen. Es gibt Dörfer, in denen verschiedene Sprachen gesprochen werden, obwohl sie nur wenige Kilometer voneinander entfernt liegen.

In Luxemburg gibt es eine eigene Sprache – Lëtzebuergesch –, die auch in Teilen von Belgien, Frankreich und Deutschland gesprochen wird.

Im Polnischen gibt es hübsche Monatsbezeichnungen. Der April heißt übersetzt zum Beispiel „Blumen“, der Juli „Linde“, der September „Heide“ und der November „Fallende Blätter“.

In Friesland, den nördlichen Provinzen der Niederlande, lernen die Kinder neben Niederländisch und Englisch auch die Regionalsprache Friesisch.

In Südafrika heißt das Zeichen @ „aapstert“, also Affenschwanz.

In Israel nennt man es „Strudel“, in der Slowakei „eingelegter Hering“ und in Dänemark „Elefantenrüssel.“

Reis ist für die Philippiner sehr wichtig. Es gibt verschiedene Wörter dafür: ein Wort für Reis, der schon geerntet, aber noch nicht gereinigt ist, ein Wort für Reis, der noch im Topf kocht, und eins für Reis, der fertig zum Essen ist.

In der Stadt Vulcan (in der kanadischen Provinz Alberta) ist das Willkommensschild für Touristen in Englisch und Klingonisch geschrieben.

Die Backenzähne, die etwa zwischen dem 17. und 25. Lebensjahr erscheinen, heißen in Deutschland Weisheitszähne, in Rumänien Verstandeszähne und in Korea Liebeszähne.

In Albanien gibt es eine Beleidigung, die bedeutet: „Zwerg mit sieben Schwänzen, der keine Ruhe im Grab findet". Andererseits gibt es kein albanisches Wort für Kopfschmerzen.

Alte chinesische Schreibmaschinen haben 5700 Zeichen.

Im 19. Jahrhundert prägte der französische Meisterkoch Marie-Antoine Carême den Begriff „haute cuisine" (hohe Küche) für die höchste Kochkunst Frankreichs. Außerdem erfand er die weiße Kochmütze, auch „Toque" genannt, die heute noch zur Arbeitskleidung des Küchenchefs gehört.

Namen

Viele irische Familiennamen beginnen mit „Mc" oder „O", was auf Gälisch „Sohn von" beziehungsweise „Enkel von" bedeutet.

Viele bosnische Namen enden auf „ic", was „Kind von ..." bedeutet.

Früher verwendeten die Laoten nur Vornamen. Erst 1943 begannen sie, Familiennamen zu benutzen, weil diese gesetzlich vorgeschrieben wurden. Trotzdem ändern die Laoten hin und wieder ihren Namen, wenn sie eine neue Arbeitsstelle antreten, wenn sie umziehen, oder einfach, um einen Wendepunkt in ihrem Leben zu markieren. Der häufigste Grund für eine Namensänderung dürfte sein, sich böse Geister vom Hals zu halten.

In Kenia richtet sich der zweite Vorname eines Menschen danach, zu welcher Tageszeit er geboren wurde.

In Somalia haben die Menschen drei Namen: den Vornamen gefolgt vom Namen des Vaters und des Großvaters. Wegen des Clan-Systems haben viele Menschen sehr ähnliche Namen.

In Kasachstan benennt man Kinder nicht nach Verwandten. Denn das würde bedeuten, dass das Kind die betreffende Person ersetzt.

Idi Amin, in den 1970er-Jahren Gewaltherrscher in Uganda, nannte sich selbst „Seine Exzellenz, Präsident auf Lebenszeit, Feldmarschall Al-Hadschi Doktor Idi Amin Dada, Herr aller Tiere des Feldes und der Fische des Meeres, Bezwinger des Britischen Empire in Afrika im Allgemeinen und Uganda im Besonderen."

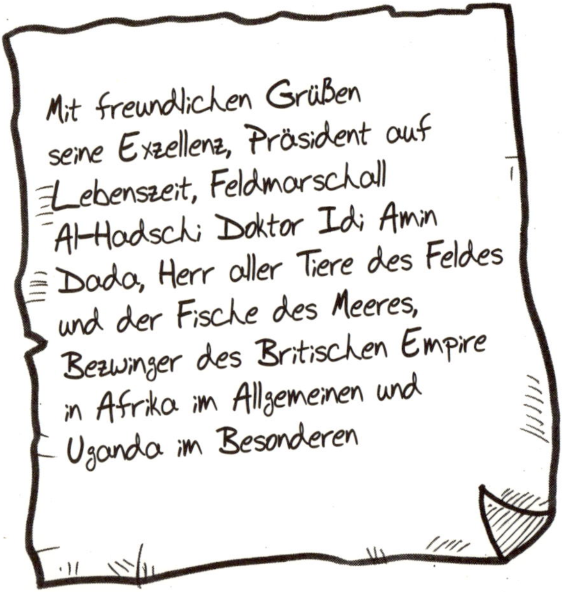

In China teilt sich eine Bevölkerung von mehr als einer Milliarde Menschen nur 200 Familiennamen.

Batman heißt auf Schwedisch Läderlappen (Läderlapp = Fledermaus).

In Schweden gibt es erst seit etwa 100 Jahren eigene Familiennamen. Bis dahin wurde die Endung „-son" oder „-dotter" an den Namen des Vaters angehängt, je nachdem, ob es sich um einen Jungen oder ein Mädchen handelte. Wenn also Lars einen Sohn namens Stefan bekam, hieß der Stefan Larsson. Seine Tochter Gerda hätte Gerda Larsdotter geheißen.

WAS KOSTET DIE WELT?

1987 sparte die Fluggesellschaft American Airlines 40 000 Dollar, indem sie bei jedem Salat, der in der ersten Klasse serviert wurde, eine Olive wegließ.

Weltweit wird jährlich mehr Monopoly-Geld als echtes Geld gedruckt.

Die Kopfhaut von Spechten, Zähne von Schweinswalen und Giraffenschwänze wurden schon als Zahlungsmittel verwendet.

Auf der McMurdo-Station in der Antarktis, wo im Winter 200 Menschen leben, gibt es einen Geldautomaten.

Die größten Schiffe bezahlen eine Gebühr von 250 000 Dollar für eine Fahrt durch den Panamakanal. Ein Drittel der Wirtschaftsleistung des Lands wird durch den Kanal generiert.

In Australien wurde für eine Katze namens Messiah eine Kreditkarte ausgestellt. Der Besitzer der Katze wollte das Sicherheitssystem der Bank testen.

Walter Hunt schuldete einem Freund 15 Dollar. Das war 1849 viel Geld. Der Freund erklärte sich bereit, statt des Gelds ein von Walter bearbeitetes Stück Draht anzunehmen: Walter hatte die erste Sicherheitsnadel gebastelt. Sein Freund wurde mit dieser Erfindung Millionär.

Das Dollarzeichen ($) entstand aus der Kombination der Buchstaben U und S.

Forscher haben festgestellt, dass helles Lila Menschen anregt Geld auszugeben.

In den USA leben mehr Milliardäre als sonst irgendwo auf der Welt.

Tulpenzwiebeln dienten im 17. Jahrhundert in den Niederlanden als Währung.

Bis ins 19. Jahrhundert wurde in Sibirien mit Teeblöcken bezahlt.

In Togo ist es üblich, Geld mit der rechten Hand zu geben oder zu empfangen.

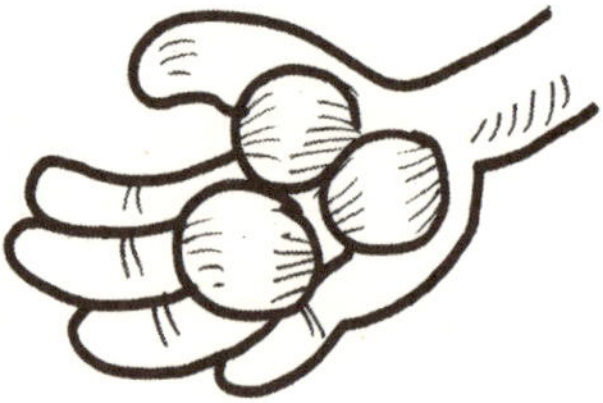

In Guatemala wurde früher mit Kakaobohnen bezahlt. Aber auch damals schon waren Fälscher aktiv: Manche Leute entfernten das Innere der Bohnen und füllten sie mit Ton.

Bis ins 20. Jahrhundert bezahlten einige Äthiopier noch mit einer urtümlichen Währung namens Amole in Form von Salzbarren. Das kam daher, dass Salz selten war.

NIE OHNE STIEFEL WANDERN

Reykjavik ist die am nördlichsten gelegene Hauptstadt.

Der Ort, der am weitesten von irgendeinem Meer entfernt liegt, befindet sich in China.

Der Pazifik bedeckt 28 Prozent der Erdoberfläche.

Das Rote Meer zwischen Nordost-Afrika und der Arabischen Halbinsel ist nicht rot.

Das Rote Meer ist ein einzigartiges Gewässer. Weil keine Flüsse hineinmünden, hat es einen höheren Salzgehalt als die meisten anderen Meere.

Die Universität von Alaska erstreckt sich über vier Zeitzonen.

Am Äquator wiegt alles ein Prozent weniger.

Alaska ist der nördlichste, westlichste und östlichste Bundesstaat der USA; es bietet außerdem genug Platz, um die 21 kleinsten Bundesstaaten darin unterzubringen.

In Finnland gibt es mehr Inseln als in jedem anderen Land der Welt.

Das Wasservolumen des Amazonas ist größer als das Gesamtvolumen der acht nächstkleineren Flüsse der Welt.

Die Wüste Sahara dehnt sich pro Monat um mehrere Quadratkilometer aus.

Der kürzeste Abstand zwischen Russland und den USA beträgt nicht einmal vier Kilometer.

Der Golfstrom würde eine Flaschenpost mit einer Geschwindigkeit von 6,5 Kilometern pro Stunde befördern.

Vor 500 Millionen Jahren lag die Antarktis am Äquator.

Der Fluss Tonle Sap in Kambodscha fließt die Hälfte des Jahrs nach Norden und die andere Hälfte Richtung Süden.

Mehr als 90 Prozent der Fische werden auf der Nordhalbkugel gefangen.

Ecuador ist Spanisch für Äquator; dieser verläuft genau durch dieses Land. Viele Besucher kommen nach Ecuador, um mit einem Fuß auf der Nordhalbkugel und einem Fuß auf der Südhalbkugel stehen zu können.

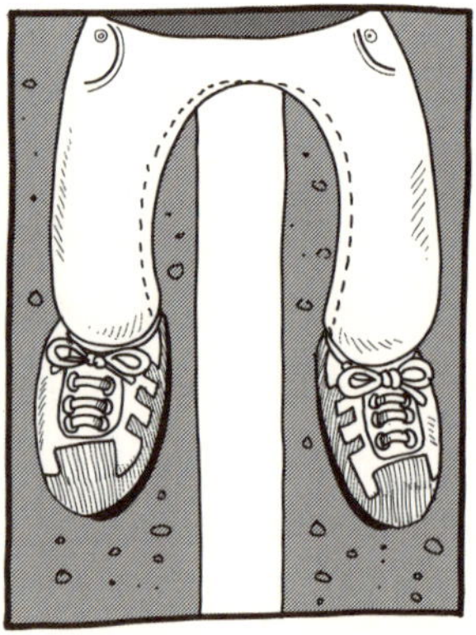

In Thailand gibt es eine Insel, die nach James Bond benannt ist.

La Paz in Bolivien liegt so hoch über dem Meeresspiegel, dass die Luft kaum genug Sauerstoff enthält, um ein Feuer in Gang zu halten.

Die Niagarafälle sind in den letzten 10 000 Jahren sieben Kilometer flussaufwärts gewandert.

Kartografen haben etwas gegen Montenegro, weil es so schwierig ist, den vollständigen Namen des Landes auf einem so kleinen Flecken auf der Landkarte unterzubringen.

Die Hauptstadt Mexikos sinkt jedes Jahr um etwa 25 Zentimeter.

Der Fluss Indus, von dem der Name Indien abgeleitet ist, liegt heutzutage vollständig in Pakistan.

Ortsnamen

Hauptstädte der Welt – und was ihre Namen bedeuten

Name	Land	Bedeutung
Khartum	Sudan	Elefantenrüssel
Bangkok	Thailand	Dorf der wilden Pflaumen
Buenos Aires	Argentinien	Guter Wind
Montevideo	Uruguay	Ich sah den Berg
Kuala Lumpur	Malaysia	Schlammgelbe Mündung
Brüssel	Belgien	Gebäude in der Marsch
Freetown	Sierra Leone	Stadt für freigelassene Sklaven
Seoul	Südkorea	Hauptstadt
Sofia	Bulgarien	Weisheit
Teheran	Iran	Warmer Ort

Anguilla bedeutet auf Spanisch und Italienisch „Aal". Der Name passt also gut zu der langen, schmalen Insel. Die Hauptstadt von Anguilla heißt übersetzt „das Tal".

Himalaya bedeutet „Heimat des Schnees".

In der Türkei gibt es eine Provinz namens Batman. Der Name entstand durch die Zusammenziehung des Gebirgsnamens Bati Raman.

Dalmatien ist eine Küstenregion von Kroatien, dort stammt die Hunderasse der Dalmatiner her.

Der Wikinger Erik der Rote landete als Erster auf Grönland. Es gibt verschiedene Theorien, warum er es Grönland, das heißt „grünes Land“, nannte, obwohl es damals wie heute größtenteils mit Eis bedeckt ist. Manche glauben, dass er damit Leute aus Island, das bedeutet „Eisland“ (das übrigens größtenteils grün ist), weglocken wollte, damit sie das eisige Land besiedelten. Andere sagen, dass Grönland zurzeit seiner Entdeckung viel grüner war als heute.

Die Hauptstadt der Weihnachtsinsel heißt Flying Fish Cove, also „Bucht der fliegenden Fische“.

Christoph Columbus gab Costa Rica („reiche Küste“) diesen Namen, weil er glaubte, in diesem Land gäbe es viele Bodenschätze.

Der Name Kuba ist von dem Taíno-Wort Cubanacán abgeleitet, was „Zentrum“ oder „zentraler Ort“ bedeutet.

Barbados erhielt seinen Namen von einer Gruppe portugiesischer Seeleute, die dort 1536 auf dem Weg nach Brasilien landete. Die Seeleute stießen auf riesige Banyan-Bäume, deren Luftwurzeln von den Ästen herabhingen wie Bärte. Daher nannten sie die Insel Los Barbados, „die Bärtigen“.

Argentinien bedeutet „Silberland“, obwohl es dort kaum Silber gibt. Vermutlich erwarteten die Namensgeber jedoch das Gegenteil.

Ankara in der Türkei hieß früher Angora. Die Ziegen dort liefern die berühmte feine Angora- oder Mohair-Wolle.

Der Name der Hauptstadt von Honduras, Tegucigalpa, geht auf die beiden einheimischen Wörter „teguz“ (Berg) und „galpa“ (Silber) zurück. In Tegucigalpa wurde früher Silber abgebaut.

Die alten Griechen nannten Malta „Melita", was „Honiginsel" bedeutet.

Feuerland (Tierra del Fuego), eine Region an der Südspitze von Argentinien und Chile, bekam seinen Namen von Ferdinand Magellan, der es 1520 entdeckte. Er war erstaunt über die vielen Feuer, die er überall sah, und glaubte, dass die Einheimischen im Wald seinen Schiffen auflauern würden. Dabei hatten die Yamana die Feuer nur angezündet, um sich zu wärmen.

Die Weihnachtsinsel erhielt ihren seltsamen Namen, weil die Entdecker dort am Weihnachtstag des Jahres 1643 landeten. Da die Insel auf der Südhalbkugel liegt, fällt Weihnachten auf der Weihnachtsinsel in den Hochsommer.

Der Name der Hauptstadt von Australien, Canberra, geht auf das Wort der Ureinwohner für „Versammlungsort" zurück. Die Stadt wurde als Hauptstadt gewählt, weil sie auf halbem Weg zwischen Sydney und Melbourne liegt.

In Wales liegt der Ort mit dem schönen Namen Llanfairpwllgwyngyllgogerychwyrndrobwllllantysiliogogogoch. Das bedeutet: „die Kirche der Heiligen Maria in der Senke der weißen Haselsträucher am Strudel bei St. Tysilios roter Höhle".
Llanfairpwllgwyngyllgogerychwyrndrobwllllantysiliogogogoch.com ist außerdem die längste .com-Domain ohne Bindestriche.

Die Republik Bolivien ist nach Simón Bolívar benannt, der Bolivien von der spanischen Herrschaft befreite.

Taumatawhakatangihangakoauauotamateaturipukakapikimaungahoronukupokaiwhenuakitanatahu ist der Name eines Bergs in der Region Hawke's Bay auf der Nordinsel Neuseelands. Mit 85 Buchstaben ist dies der längste Ortsname der Welt.
Aus dem Maori übersetzt bedeutet er: „der Berg, wo Tamatea, der Mann mit den großen Knien, der Bergsteiger, der Landschlucker, der weit herumkam, für seine Liebste die Nasenflöte spielte". Die Bewohner der Umgebung nennen ihn schlicht „Taumata".

In Irland heißt ein Dorf Muckanaghederdauhaulia, was „Schweinesumpf zwischen zwei Meeren" bedeutet.

Der offizielle Name von Bangkok ist eindeutig der längste Städtename der Welt. Die Hauptstadt von Thailand heißt vollständig: Krung Thep Mahanakhon Amon Rattanakosin Mahinthara Yuthaya Mahadilok Phop Noppharat Ratchathani Burirom Udomratchaniwet Mahasathan Amon Piman Awatan Sathit Sakkathattiya Witsanukam Prasit. Thailändische Kinder müssen das in der Schule auswendig lernen!

In Webster im US-Bundesstaat Massachusetts liegt ein See namens Chargoggagoggmanchauggagoggchaubunagungamaugg. Man nennt ihn kurz „Webster-See".

SCHWEINEKÄLTE – AFFENHITZE

Die Atacama-Wüste in Chile ist der trockenste Ort der Welt. Dort hat es noch nie geregnet.

Die Nächte in den Tropen sind warm, weil die feuchte Luft die Wärme besser hält. In der Wüste dagegen wird es nachts schnell kalt, weil die trockene Luft rasch abkühlt.

Mali ist das heißeste Land der Welt.

Grönland ist das kälteste Land.

Der aktivste Vulkan der Welt ist der Sangay in Ecuador. Sein Rekord liegt bei über 400 Ausbrüchen an einem einzigen Tag.

Tasmanien hat von allen Ländern die sauberste Luft.

Der schlimmste Vulkanausbruch der Geschichte ereignete sich am 8. Mai 1902 am Mont Pelé auf der Insel Martinique. Fast 30 000 Menschen kamen ums Leben.

Die extremsten Gezeiten auf der Erde gibt es in der Bay of Fundy in Nova Scotia in Kanada. Dort steigt und fällt der Wasserspiegel alle sechs Stunden um mehr als 15 Meter. Die Flut kommt so schnell, dass sie einen Menschen, der vor ihr davonrennt, leicht überholt.

Die höchste Temperatur wurde am 13. September 1922 in Al-Aziziyah in Libyen gemessen: stolze +57,8 °C.

In Sevilla in Spanien wurde am 4. August 1881 mit + 50°C die höchste Temperatur in der Geschichte Europas gemessen.

Japan wird jedes Jahr von bis zu 30 Taifunen heimgesucht. Der Wind erreicht dabei Geschwindigkeiten von 200 Stundenkilometern, in 24 Stunden fallen bis zu 30 Zentimeter Regen.

Russland hält mit –68°C schon seit 1933 den Kälterekord für Europa. In Afrika ist es Marokko, wo 1935 mit –24°C die tiefste Temperatur gemessen wurde.

Der Nil, der längste Fluss der Welt, ist bisher zweimal zugefroren: einmal im 9. und einmal im 11. Jahrhundert.

Eine seltsame, aber wahre Tatsache, die man sich merken sollte: In Argentinien wurde die tiefste Temperatur für Südamerika gemessen (-33°C im Jahr 1907), aber auch die höchste (+49°C im Jahr 1905).

Der feuchteste Ort der Welt (an Land) ist Tutunendo in Kolumbien, wo pro Jahr durchschnittlich 1176 Zentimeter Regen fallen.

Der Föhn in den Alpen kann die Temperatur innerhalb weniger Stunden um 30°C in die Höhe treiben. Das führt zu schmelzenden Gletschern und zu Lawinen. Es erhöht außerdem die Gefahr von Waldbränden. Deshalb ist an manchen Orten in der Schweiz bei Föhn das Rauchen verboten.

DER KNOCHEN-KRONLEUCHTER

In der Tschechischen Republik steht eine Kirche, deren Kronleuchter aus Menschenknochen gefertigt ist.

In Kanada dagegen wurde ein Haus aus 18 000 leeren Glasflaschen errichtet.

Die berühmte Basilius-Kathedrale in Moskau wurde von Iwan dem Schrecklichen in Auftrag gegeben und in den Jahren 1555 bis 1561 am Roten Platz erbaut. Der Legende nach ließ der Zar dem Architekten das Augenlicht nehmen, als der Bau vollendet war, damit er nie wieder so etwas Schönes erschaffen könnte.

Im US-Bundesstaat Massachusetts steht ein Haus, das ganz und gar aus Zeitungen besteht. Der Fußboden, die Wände und sogar die Möbel sind aus Zeitungen gebaut.

300 Arbeiter brauchten zwei Jahre, um den Eiffelturm in Paris zu bauen. Er besteht aus mehr als 18 000 Eisenteilen. Alle fünf Jahre wird er komplett neu angestrichen. Das dauert 15 Monate und verbraucht 60 Tonnen Farbe. 25 Maler arbeiten ausschließlich mit Pinseln daran. Die Farbe nennt sich „Eiffelturmbraun", und es gibt sie in drei Schattierungen: Der hellste Ton kommt an die Spitze, der dunkelste ans untere Ende.

Die Bauwirtschaft in Dubai wächst so stark, dass dort ein Viertel aller Baukräne der Welt steht.

Die Höhe des Eiffelturms hängt so stark von der Temperatur ab, dass es keine exakte Höhenangabe gibt.

In Peru gibt es keine öffentlichen Toiletten.

In Negril auf Jamaika dürfen Gebäude nicht höher sein als die höchste Palme.

In Timbuktu in Mali steht eine Moschee mit einer Tür, die noch nie geöffnet wurde. Man glaubt, dass das Öffnen dieser Tür das Ende der Welt bedeutet.

In der Stadt Atlántida, etwas außerhalb von Montevideo in Uruguay, steht eine auffällige Kirche aus dem Jahr 1959. Die Ziegelmauern sind nach innen und nach außen gekrümmt wie die Wellen des Meeres.

In Margate im US-Bundesstaat New Jersey steht ein Haus, das wie ein Elefant geformt ist. In Norman, Oklahoma, steht eins in Form eines Huhns.

In der Slowakei gibt es viele Holzkirchen. In der Holzkirche von Paludza haben 3600 Menschen Platz. Sie wurde ohne einen einzigen Nagel gebaut.

WUSSTEST DU SCHON ...?

Wie tief ist das Meer?

Als tiefster Punkt des Meeres gilt der Marianengraben südöstlich von Japan. Er ist bis zu 11 035 Meter tief. Dagegen ist der Mount Everest mit 8 848 Metern Höhe beinahe mickrig.

Im Meer gibt es unterhalb von ein paar Tausend Metern weder Licht noch Algen und damit keine Energie. Außerdem gibt es sehr wenig Sauerstoff. Die wenigen Fische, die so weit unten leben können, sind meist blind und haben riesige Mäuler, damit sie alles verschlingen können – zum Beispiel Knochen –, was ihren Weg kreuzt.

Wie sind die Kanarischen Inseln zu ihrem Namen gekommen?

Die Kanarischen Inseln (dazu gehören Gran Canaria, Teneriffa und Lanzarote) sind nicht, wie man annehmen könnte, nach dem Kanarienvogel benannt. Als die alten Römer erstmals auf Gran Canaria landeten, fielen ihnen die großen, Furcht einflößenden Hunde auf, die dort herumliefen. Deshalb nannten sie die Insel Insularia Canaria (Hundeinsel).

Der Vogel dagegen ist auf den Kanarischen Inseln und dem umliegenden Festland heimisch und wurde nach ihnen benannt, nicht umgekehrt.

Wo liegt der am häufigsten betretene Quadratmeter Land der Erde?

Man könnte vermuten, dass es sich um ein beliebtes Touristenziel handelt, zum Beispiel „Madame Tussauds". Aber der Boden rund um solche Lokalitäten wird nicht betreten, wenn sie nicht geöffnet haben.

Religiöse Ziele wie Lourdes oder die Heilige Moschee in Mekka sind ebenfalls stark frequentiert, aber ebenfalls nur zu bestimmten Zeiten.

Nein, der Ort, der tagein, tagaus ständig betreten wird, ist der Fußgängerüberweg vor dem Bahnhof Shinjuku in Tokyo. Jeden Tag überqueren dort etwa eine Million Menschen die Straße.

Warum ist ein Baguette so lang?

Bei den Feldzügen Napoleons mussten die französischen Soldaten ihr Brot beim Marschieren mit sich tragen, aber sie hatten nicht viel Platz im Rucksack. Deshalb kam ein Schlaukopf – es wird sogar erzählt, Napoleon selbst – auf die Idee, die Bäcker sollten doch lange Brotstangen backen, damit die Soldaten sie in den Hosenbund stecken und so mit sich tragen konnten.

Warum steht nur auf britischen Briefmarken nicht, aus welchem Land sie stammen?

Weil die Briten die moderne Briefmarke 1840 erfanden, haben sie dieses Vorrecht, aber nur, solange das Porträt des Königs oder der Königin auf jeder Briefmarke abgedruckt wird.

Was tragen Schotten unter dem Kilt?

Nach Aussagen eines Schotten, der regelmäßig im Kilt unterwegs ist: „Echte Schotten tragen gar nichts unterm Kilt."

Aber was, wenn der Wind den Kilt in die Höhe weht?

„Wir tragen spezielle Hemden mit langen Schößen. Wenn es besonders windig ist, können wir die verknoten, damit der Anstand gewahrt bleibt."

Welchen Ortsnamen gibt es am häufigsten auf der Welt?

San José. Es gibt 1716 Orte mit diesem Namen, alle benannt nach dem Heiligen Joseph, dem Schutzpatron der Arbeiter.

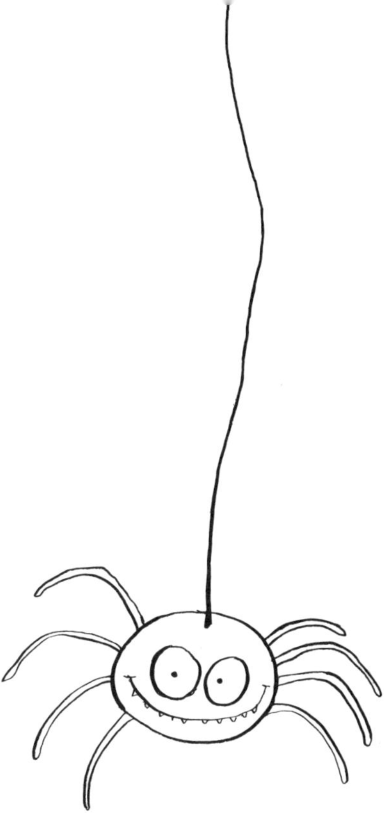

Ravensburger Bücher

Wusstest du schon?

Mitchell Symons

Warum können Schildkröten durch den Po atmen?
Verrückte Fakten aus dem Tierreich

Elefanten schlafen nur etwa zwei Stunden pro Tag.
Raupen haben zwölf Augen.
Kakerlaken können bis zu neun Tage lang ohne Kopf überleben.

Spannende und unglaubliche Fakten über Tiere.
Zum Staunen und Weitererzählen!

ISBN 978-3-473-**53126**-4

www.ravensburger.de

RTB_13_024

Ravensburger